대학
홍보의
법칙

이 도서의 국립중앙도서관 출판시도서목록(CIP)은 서지정보유통지원시스템 홈페이지
(http://seoji.nl.go.kr)와 국가자료공동목록시스템(http://www.nl.go.kr/kolisnet)에서
이용하실 수 있습니다. (CIP제어번호 : CIP2014009442)

대학 홍보의 법칙

언론에 보도되는 42가지 전략

김완준 지음

홍보는 누구나 꼭 알아야 할 기술

子曰자왈, 溫故而知新온고이지신 可以爲師矣가이위사의.

"옛것을 익히고 새로운 것을 알아가면 능히 남의 스승이 될 수 있다"는 공자의 말씀이다.

요즘처럼 빅 데이터big data가 넘쳐나고 네트워크의 속도가 기하급수적으로 증가하는 사회에서 더욱 되새겨볼 글귀다. 이 글의 '溫故온고'와 '知新지신'은 개인뿐 아니라 인류 역사 발전의 중요한 밑거름이 되었다. 새로운 변화만을 강조하며 과거의 것을 퇴물인 양 무시하는 경우를 보게 되는데 인류 역사를 보면 새로움은 늘 지난 것의 계승, 발전에서만 가능했음을 알 수 있다.

물론 이와 달리 너무 옛것을 강조하여 새로운 것을 경박하고 질서가 없다며 중요시하지 않는 경우도 보게 되는데 이 또한 올바른 태도가 아니다. 두 경우 모두 '정도를 지나치면 미치지 못한 것과 같다'는 과유불급過猶不及의 교훈이 생각나게 한다. 그렇다면 어떻게 옛것과 새로운 것의 조화를 꾀할 수 있을까?

송나라 구양수가 제시한 '三多삼다'에서 그 해답을 찾을 수 있겠다. '多讀다독'은 '三多삼다'의 첫 번째다. 독서를 통해 수천 년 전의 지혜부터 최근의 이슈까지 다양한 정보를 얻을 수 있다. 하지만 우리나라 성인 독서 비율은 70퍼센트도 되지 않으며 1인당 한 해 10권 미만의 책을 읽는다고 한다. 그만큼 옛것도 새로운 것도 얻지 못하고 있는 것이다.

두 번째로 생각할 것이 '多商量다상량'이다. 사회적 관계가 복잡해질수록 사람들은 많은 생각을 하며 살아야 한다. 그러나 요즘 사람들의 손에는 스마트폰이, 책상에는 PC가, 거실에는 TV가 자리 잡고 있어 생각할 시간을 빼앗겼다. 깊이가 없는, 흥미 위주의 단편적인 정보들이 넘쳐나 깊은 사색의 결과로 얻어지는 지식들을 찾아보기 어렵게 된 것이 오늘날의 세태다.

마지막으로는 '多作다작'이다. 다독과 다상량 이후에는 많은 글을 써보아야 할 것이다. 많은 독서와 끊임없는 사색을 통해 스스로를 돌아보며 많은 습작까지 더해진다면 능히 '옛것을 익히고 새로운 것을 알아가는' 온고지신의 수준에 이를 것이다. 그러나 읽거나 생각도 하지 못하는데 어떻게 글쓰기가 가능하겠는가.

이렇듯 '三多삼다'를 실천하기 어려운 환경 속에서 한 대학의 평범한 교직원이 책을 냈다는 사실은 상당히 고무적이다. 더구나 아무도 시도하지 못한 '대학 홍보'에 대해 첫 번째 책을 냈다는 것은 더더욱 많은 노력이 있었음을 짐작케 한다.

대학마다 수백 명의 교직원이 있다. 이 중에는 자격증이나 석·박사학위를 취득하며 자기계발에 힘쓰는 직원이 있고, 전문적인 취미 활동이나 번역서를 내는 등 끊임없이 자기표현을 하는 직원도 있다. 하지만 직접 저서를 출간한 경우는 많지 않은 것으로 안다. 교직원으로서 자신이 몸담고 있는 분야의 규칙성을 발견하고 에피소드를 꼼꼼하게 챙겨 홍보 매뉴얼을 썼다는 것은 정말 놀라운 일이다. 그야말로 '三多삼다'를 실천한 결과라고 생각한다.

대학 간 경쟁이 점점 치열해지는 요즘, 홍보의 중요성을 새삼 말할 필요는 없을 것이다. 이제 홍보는 대학의 생존전략 중의 하나가 되었다.

요즘 한국방송통신대학교의 홍보가 좋아졌다는 소리를 종종 듣는다. 이 책을 통해 그 이유를 알 수 있었다. 기자 관계, 콘텐츠 기획, 위기 관리 등 체계적인 홍보 전략이 있었기 때문이다. 이러한 전략가를 곁에 둔 것은 우리 대학의 큰 행운이라고 생각한다. 어떻게 보면 홍보는 대학뿐 아니라 경쟁사회에서 꼭 알아야 하는 기술이다.

이 책은 교직원뿐만 아니라 교직원이 되고자 하는 사람들, 그리고 홍보 일을 어디서부터 시작해야 할지 막막한 사람들이라면 꼭 읽어야 할 책이다.

틈틈이 시간을 쪼개 책을 출간하는 김완준 대학 홍보 전문가에게 진심으로 박수를 보낸다.

독서르네상스운동 상임대표 · 국립 한국방송통신대학교 총장

조남철

우리나라에 대학이 몇 개일까?

우리나라에 대학이 몇 개나 있을까? 솔직히 정확한 숫자는 필자도 모른다. 그렇다면 들어서 알 만한 대학은 몇 개나 될까? 아니, 아는 대학 이름을 적어보라고 하면 몇 개나 적을 수 있을까?

대학 공시정보 사이트 '대학 알리미'에 따르면 대학의 기능을 하는 '공시대상학교'는 총 431개[1]다. 대학, 교육대, 전문대, 방송통신대, 사이버대 및 각종 기술원 등 종류도 다양하다. 구체적으로 대학명을 보다보면 들어봄직한 곳도 있지만 대부분 생소하다.

우리나라 학부모들이 자녀를 대학에 보내기 위해 쓰는 사교육

---

1 대학 공시정보 웹사이트(http://www.academyinfo.go.kr) 공시대상학교(2014.2.21).

비는 연간 약 18조 6,000억 원[2]이다. 들어보지도 못한 대학에 보내기 위해서 이렇게 돈을 쓰는 것일까? 아닐 것이다. 하지만 대다수의 학생들은 잘 들어보지도 못한 대학에 다닐 수밖에 없다. 현실이 이렇다보니 들어본 듯한 대학이라도 가기 위해 편입학원을 다니며 다시 사교육비를 지출한다.

대학의 서열이나 사교육의 문제점을 이야기하자는 것이 아니다. 한 번이라도 더 자신이 몸담고 있는 대학의 이름을 알리기 위해 많은 홍보 담당자들이 노력하지만 현실은 참으로 어렵다는 것을 말하려는 것이다. 지금 이 순간에도 후배 대학 홍보 담당자들은 신호등 하나 없는 불모지에서 말 그대로 총격 실습 한 번 없이 전쟁에 뛰어드는 것 같아 안타깝다.

대학 내에서 홍보직은 흔히 한직이라고 취급 받는다. '홍보' 하면 떠올리는 것이 '기자 접대'와 '술을 많이 마셔야 한다'는 선입견 때문이다. 대학 내에서 보기 드문 '영업직'이라는 것이다. 홍보부서는 분명 사람들을 많이 상대하기 때문에 그만큼 인간관계가 원활한 사람이 필요한 자리다. 홍보부서로 발령을 받았다면 당신의

---

2 통계청의 「2013년 사교육비 조사 결과」에 따르면 우리나라 초 · 중 · 고등학교 사교육비 총액은 약 18조 6,000억 원으로 추정됐다. 초 · 중 · 고교 학생(사교육을 받지 않은 학생 포함) 1인당 월평균 사교육비는 23만 9000원, 사교육 참여율은 68.8퍼센트다. 사교육비 총액은 학원, 개인 및 그룹 과외, 방문학습지, 인터넷 및 통신 강좌 수강료를 포함한 금액으로 방과후학교, EBS 교재비, 어학연수비는 사교육비와 분리해 별도 항목으로 조사했다(이 자료는 전국 초 · 중 · 고 1,094개 학교 약 4만 4,000명의 학부모를 대상으로 2013년 6월과 10월 두 차례에 걸쳐 사교육비 규모 및 사교육 참여율 등을 조사한 결과다).

소통 능력이 뛰어남을 인정받았다는 의미다. 홍보부서는 대외 공식 채널이기 때문에 당신이 학교의 '얼굴과 입'이라고 할 수 있다. 자부심을 가져도 좋다.

자, 발령이 났다면 어디서부터 홍보 업무를 시작해야 할까. 전임자의 자료가 참고 1순위다. 하던 일을 그대로 잘 이어받으면 적어도 '욕'은 안 먹기 때문이다. 자료 중에 이해가 안 되는 게 있으면 물어봐도 되지만, 떠난 사람에게 물어보지 않는 게 예의라고 생각해 묻기도 조심스럽다. 이런 이유들로 새로운 시도를 하기보다는 기존 자료에 근거해 제자리를 맴돌기 쉽다. 또한 윗선에서는 '어느 대학이 홍보를 잘하니 벤치마킹을 해보라'고 한다. 하지만 막상 찾아가보면 기념품을 주고받을 뿐, 다른 학교는 역시 '네임밸류가 다르다, 예산이 많다, 총장이 홍보에 관심이 많다' 등을 운운하며 자신이 속한 학교와 비교하고는 '지금 우리가 하는 것이 최선'이라고 결론짓는다.

의욕이 넘치는 직원이 있다면 도서관, 온라인서점, 포털사이트 등에서 '대학 홍보'라는 키워드로 검색해보며 각종 자료들을 뒤져볼 것이다. 찾아보면 알겠지만 통계 및 설문 등의 정량적 현황조사들로 채워져 있는 학술논문이나 대학 간 비교, 타깃 분석 등의 대학생 리포트 자료들만 발견하게 될 것이다.

이런 이유로 '대학 홍보'에 관한 책을 쓰게 되었다. 이 책은 우리나라에서 언론을 통해 대학을 홍보할 수 있는 방법과 사례에 집중한 첫 번째 책이라 할 수 있다. 아무런 준비도 못하고 대학에서

순환보직으로 근무하게 된 홍보 담당자에게 유익한 참고서이자 매뉴얼이 되길 바라는 마음에서 썼다. 또한 교직원이 되고 싶은 미래의 교직원들이 대학 행정의 속사정을 조금이라도 엿볼 수 있도록 했다.

책은 3부로 구성했다. 1부는 관계의 법칙이다. 언론 홍보의 기본 구성 요소인 언론사, 기자, 대학, 홍보 담당자의 역할과 서로 간의 관계를 다룬다. 특히, 기자와 홍보 담당자가 상생 관계에 들어설 때 좋은 기사가 나오고 홍보도 잘된다는 점을 강조했다.

2부는 관심의 법칙이다. 홍보는 대상에 대한 관심과 호기심에서 시작된다. '왜'라는 물음에서 시작해 단계적으로 아이템을 발굴하는 방법과 언론에 소개된 사례를 살펴봤다. 대학만이 가진 장점을 통해 기사를 만들고 지면을 쟁취할 수 있는 노하우를 소개했다.

3부는 관리의 법칙이다. 최근에 필요성이 더욱 증대하고 있는 위기 관리 능력을 키우기 위해 홍보 담당자가 기본으로 알아야 할 저작권, 위기 관리 방법을 소개했다. 각 이야기 사이에는 해당 분야의 전문가 인터뷰를 통해 현장의 소리를 들어보았다.

그리고 사례들로는 아무래도 필자가 몸담았던 성균관대와 방송통신대의 이야기가 타 대학들보다 많이 언급되었다. 실제 진행한 업무를 토대로 설명하는 것이 더 생생하리라는 판단에서였다.

또한 주로 '언론 홍보'에 대해서 다뤘다. 홍보부서의 업무는 보도자료 작성, 홍보영상 제작, 홍보책자 발행, SNS 관리, 소식지news letter 제작, UIUniversity Identity 관리, 광고 제작 및 집행, 행사, 홈페이지

관리, 각종 기념사 작성, 사진 촬영 등 다양하지만 가장 대표적이면 서도 고유한 업무가 '언론 홍보'이기 때문이다.

끝으로, '배움은 나눔을 위한 것'임을 가르쳐주신 한국방송통신대학교 조남철 총장님과 겸양지덕謙讓之德을 실천으로 일깨워주신 성균관대학교 서정돈 이사장님, 글쓰기를 지도해준 성균관대학교 최영록 전문위원님, 국립대에 대한 이해를 도와준 한국방송통신대학교 여성희 팀장님, 책이 나오기까지 함께 애써준 도서출판 한울에 감사드린다. 그리고 글을 쓰도록 동기를 부여하고 지지해준 부모님과 아내 은영, 딸 가온에게 이 책을 바친다.

자, 이제 사람들의 뇌리에 우리 대학의 이름을 멋지게 심어보자.

2014년 4월

대학 홍보 전문가 김완준

| 차 례 |

2부 관심의 법칙-호기심을 가져라

프롤로그

대학 홍보의 진화

대학은 언제부터 '홍보'를 시작했을까?

우리나라 대학에 홍보라는 말이 구체적으로 나온 지는 얼마 되지 않았다. 자료에 따르면, 1970년대에 홍보부서라는 명칭의 조직이 있는 대학은 서강대, 중앙대뿐이었다고 한다. 이외의 대학에서는 기획실, 총장의 공보비서, 언론 관련 연구소 등으로 분산되어 그 역할이 전담되지 않고 명확하지도 않았다.[3] 당시까지만 하더라도 입학 자원이 넘쳐났고 군이 홍보를 하지 않아도 지원자들이 앞다퉈 입학하려고 했다.[4] 이렇게 불분명한 역할을 담당했던

---

3 윤희중, 『PR론』(이화여자대학교 출판부, 1984), 425쪽.

홍보부서의 위상이 그나마 구체적으로 드러나기 시작한 것은 1980년대 후반이다.

우리나라 대학의 홍보

『서울대학교 60년사』를 보면 '제1장 운영 체제의 변화와 기구 개편'에서 '홍보'라는 단어를 처음으로 찾을 수 있다. 1985년에 기획실이 법정기구로 승격되면서 대학발전계획 및 학사운영에 관한 종합 계획의 수립을 기본으로 국제 학술 교류, 학술 홍보, 행정 전산화 계획 등 다양한 발전 기획을 맡는다고 했다.[5] 이후 1986년에 '서울대학교 장기발전계획'(1987~2006)을 확정했으며, 이후 "대학홍보센터를 설치하여 대학 생활의 정보 제공 및 대학 활동의 대외 홍보를 강화한다"고 밝히고 있다.[6] 이러한 과정을 거쳐 현재의 기구표에는 기획처 내에 홍보팀으로 되어 있다.

포항공과대학교(포스텍)는 1986년 대학 설립과 동시에 적극적으로 '대학 홍보'를 실시했다. 당시 국내 대학의 분위기는 문만 열어놓으면 모집이 어렵지 않은 상황이었지만, 신생 지방 대학에게는 만만치 않은 도전이었다. 학생들에게 아무리 많은 장학금과 지

4 손승준, 「대학 홍보물의 효과에 대한 연구」(서강대학교 언론대학원 석사학위 논문, 1996), 7~8쪽.

5 서울대학교 60년사 편찬위원회 편, 『서울대학교 60년사』(서울대학교, 2006), 215쪽.

6 같은 책, 255~257쪽.

원을 한다고 해도 우수 학생 240명만을 모집하는 것은 큰 모험이었기 때문이다.[7] 이 대학은 처음부터 홍보의 중요성을 인식해서인지 현재도 총장 직속부서로 대외협력처를 두고 그 아래 대외협력팀으로 편제되어 있다.

연세대학교는 학교 홈페이지 연표에 1987년 창립 100주년 기념사업 사무국의 업무를 인계받는 것을 주요 업무라고 명기하고, 기획실에 섭외홍보과를 신설했다고 밝히고 있다. 이후 1996년 대외협력처로 직제를 개편해 그 안에 홍보팀으로 활동 중이다.

성균관대학교 홈페이지에 나와 있는 학칙·규정에 따르면 홍보실의 시작점은 나와 있지 않으나, 1993년에 홍보실이 대외협력처로 개편되었다가 2011년 기획처의 전략기획·홍보팀으로 변경됐다고 밝히고 있다.

이처럼 1980년대에는 미미한 차원의 홍보 기능을 갖춘 부서가 생겨났고, 1990년대가 돼서야 현재와 비슷한 직제와 기능을 갖춘 홍보부서를 찾아볼 수 있다. 1990년대는 대학마다 자율권이 확대되고 교육시장의 개방, 대학 정원 자율화 등 급격한 변화와 발전이 이루어지는 반면, 학령인구는 감소되기 시작해 대학의 치열한 경쟁이 예고되는 시기였다.

직접적인 원인으로는 '5·31 교육개혁'을 들 수 있다. 대통령

---

7 김가영, "대학 홍보, 대학의 이미지를 말하다─대학 홍보의 시초, 우수인재 모집을 위한 노력", ≪포항공대신문≫, 제306호(2011.5.18.)

직속 교육 개혁 전담 기구인 교육개혁위원회가 1994년 설립되고, 1995년 5월 31일 「신교육체제 수립을 위한 교육개혁 방안(5 · 31 교육개혁안)」이 발표됐다. 이 방안은 대학의 다양화와 특성화를 과제로 삼고 대학 설립, 정원, 학사 등의 자율화를 목적으로 하고 있어, 대학들은 저마다의 경쟁력을 적극적으로 알리기 위해 '홍보'라는 대응책을 필요로 한 것이다.[8]

이렇듯 우리나라에서 '대학 홍보'라는 말이 사람들 입에 오르내리며 적극적으로 홍보팀을 만들기 시작한 지는 불과 20년밖에 되지 않았다.

미국의 대학 홍보

미국의 대학 홍보는 19세기 말~20세기 초에 시작된 것으로 보는 견해가 많다. 세금에 의해서 재정적인 지원을 받는 커뮤니티칼리지community college, 주립대학 등 공립대학이 성장하면서 납세자들에게 이해를 구하기 위해 대학 홍보를 체계적으로 시작했다는 것이다. 1897년 주립대학인 미시간 대학교University of Michigan가 홍보부서publicity office를 만들자 학생 및 재정 확보에 대한 경쟁의 필요성을 느낀 하버드 대학교, 예일 대학교, 컬럼비아 대학교, 펜실베이니아 대학교 등의 사립대학도 비슷한 시기에 PR 프로그램을

---

8 차영란, 「대학 홍보 전반 커뮤니케이션 매체 활용과 수용에 관한 연구」, ≪홍보학 연구≫, 제5권 제2호(2001), 128~155쪽.

시작했다.[9] 이러한 홍보가 더욱 적극적으로 변모하며 마케팅 기법까지 적용하게 된 시기는 1970년대로 본다. 마케팅 전공 교수인 리처드 크라헨버그가 1972년 ≪고등교육저널*Journal of Higher Education*≫에 발표한 논문에서, "이제 대학은 마케팅에 뛰어들었다. 이런 현상을 무엇이라고 부르든, 누가 담당하든, 대학의 어느 영역에서 이루어지든, 대학들이 마케팅에 뛰어든 것만큼은 사실"이라고 했다. 즉, 대학에서의 '신입생 모집'은 '제품 홍보', 학생들에 대한 '재정지원'은 '가격책정 과정', 교육 과정은 '생산품 개발 과정'이라는 것이다.[10]

대학 마케팅

우리나라 대학이 최근 다양한 홍보 활동을 하는 것은 사실이다. 하지만 여전히 마케팅적 사고를 가진 대학은 드물다. 그 대신 입시 마케팅 전문 회사들에 둘러싸여 있다. 이러한 회사들을 구분해보면 크게 입시전문 컨설팅 업체와 입시 광고 또는 애드버토리얼advertorial로 수익을 내는 언론사로 나눌 수 있다.

---

9 Scott M., Cutlip, "Advertising Higher Education. The Early Years of College-Public Relations(Part I)," *College & University Journal*, Vol.9(Fall. 1970). 김정기 편저, 『실천PR론』(전예원, 1983) 315쪽 재인용.

10 A. R., Krachenberg, "Bringing the Concept of Marketing to Higher Education." *Journal of Higher Education*, Vol.43(1972). p.370. 데이비드 커프, 『대학 혁신 마케팅으로 승부하라―미국 일류대학의 숨겨진 경영 전략』, (지식의 날개, 2007), 23쪽 재인용.

먼저, 입시 상담을 하면서 교사 및 고등학생을 대상으로 마케팅을 하는 유웨이, 진학사, 고유니 등이 이러한 전문 컨설팅 업체다. 활동 범위를 보면 모의고사, 입시 정보, 입시 컨설팅, 합격 진단, 모의 지원, 배치표, 자기소개서, 적성고사, 입시설명회, 수시 컨설팅, 정시 컨설팅 등 대학입시와 관련된 모든 것을 다루고 있다. 이 업체들은 대학 입시 홈페이지, 광고, 심지어 대학 입시원서 온라인 접수까지 대행하고 있다(과거에는 대학 직원들이 직접 원서를 접수받았다). 이렇듯 대학 밖에서 입시 홍보와 관련해 마케팅 브레인들이 모여 각 대학들의 고유영역인 '교육과 연구'를 제외한 모든 업무를 맡고 있다.

언론사 또한 고유의 보도 활동 외에 각종 수익 사업을 펼친다. 그중 가장 대표적인 것이 입시철에 맞춰 발행하는 '대학 특집'이라고 하는 애드버토리얼 별지(섹션지)다. 대학 기사, 광고 등을 담아 적게는 1쪽에서 많게는 8쪽에 이르는 경우도 있다. 한편, 대학 평가는 대학들이 마케팅 대열에 뛰어들도록 채찍질을 하고 있다. 1994년부터 대학종합평가를 시작한 ≪중앙일보≫를 비롯해 ≪조선일보≫, ≪동아일보≫, ≪경향신문≫ 등의 매체가 대학 평가를 통해 순위를 발표해 대학들을 긴장시키고 있다.

대학을 바라보는 시각
지성의 산실인 대학이 이렇듯 마케팅 논리에 의해 놀아나야 하나는 논쟁은 별 소득이 없어 보인다. 우리나라도 미국 대학과 같이 이미 그 길에 들어섰기 때문이다.

2014년 1월 교육부가 이른바 '대학 구조조정 계획'을 발표했다. 향후 9년간 대입정원 16만 명을 감축하겠다는 것이다. 2018학년도 대입부터 고교 졸업자보다 대입 정원이 더 많아지기 때문에 미리 준비해야 한다는 게 교육부의 입장이다. 이제 대학의 생존경쟁에 불이 붙었다. 대학 구성원 모두는 이러한 시대 변화에 맞춰 적절하게 대응해야 한다.

이러한 현실 속에서 대학 홍보팀은 무엇을 해야 하는가. 무엇보다 대학을 바라보는 시각을 넓혀야 한다. 현재 대학이 처해 있는 긴박한 상황을 인식하고, 그 원인과 대책을 냉정하게 파악해야 한다. 마음의 문을 열고 다양한 마케팅 정보에 귀를 기울여야 한다. 이를 위해 대학을 단순히 고등교육기관으로 국한해 바라보지 말아야 한다.

보는 이에 따라 논란이 있을 수 있지만, 앞서 데이비드 교수의 말처럼 대학을 기업처럼 볼 수 있다. 학생, 동문, 직원, 교수 등 교내 구성원은 고객이고, 예비 지원자, 학부모, 일반인 등은 잠재 고객이 된다. 학과는 상품이고, 총장은 CEO다. 성균관대는 바라보는 시각을 달리한 대표적인 대학이라 할 수 있다. 대학의 장기발전계획인 '비전 2020'을 외부 연구소와 공동으로 연구했고, 경영혁신 기법인 '식스 시그마(6 sigma)'를 대학 경영에 접목시켰다. 그만큼 내실도 다져졌으며, 홍보에도 큰 힘을 받고 있다.

필자는 대학이 작은 국가와 같다는 말을 종종 한다. 세금과 같은 등록금이 있고, 국민이라 할 수 있는 학생이 있다. 국무회의 같은 교무회의가 있고, 대통령과 같은 총장이 있다. 캠퍼스는 곧 국토다. 대학은 작지만 국가가 갖춰야 할 모든 구성 요소를 갖춘 기관이다.

이렇듯 대학을 단순히 교육기관이라는 생각을 뛰어넘어 커다란 기업, 국가 등의 역동적인 유기체라고 생각하는 순간 홍보를 대하는 시각도 달라질 것이다. 물론 대학 고유의 교육 연구 기능에 대한 중요성은 가장 기본으로 철저하게 유지해야 할 것이다.

대학 조직과 홍보부서

대학	성균관대	한국외대	연세대	전북대	포스텍	이화여대	방송통신대
총장	총장	총장	총장	총장	총장	총장	총장
교수기구	·교무위원회 ·전체교수회	교수회 ·교무위원회	·교수회 ·교무위원회	·교수회 ·학무회의	·교무위원회 ·교수회 ·교수평의회	·교무회의 ·교수회	·교무위원회 ·대학원위원회 등
총장 직속 기관	총장실	·기획조정처 ·비서실 ·홍보실 (전략홍보팀11))	총장실	총장실	·총장실 ·대외협력처 (대외협력팀)	·비서실 ·교목실 ·감사실	총장실
부총장	·인문사회과학 캠퍼스 부총장 ·자연과학 캠퍼스 부총장 ·의무 부총장	·서울캠퍼스 부총장 ·대외 부총장 ·글로벌 캠퍼스 부총장 ·산학연계 부총장	·행정대외 부총장 ·의무부총장 ·원주 부총장 ·국제캠퍼스 총괄본부장	부총장	부총장	·학사 부총장 ·의무 부총장	부총장 (대학원장)
행정부서 대학 대학원 병원	·대학본부 ·기획조정처 (전략기획·홍보팀) ·학부 ·단과대학 ·대학원 ·병원	·본부 ·대학/대학원	·행정기관 ·대외협력처 (홍보팀) ·대학 ·대학원 ·병원	·대학본부 ·기획처 (홍보부) ·대학 ·대학원	·본부 (행정) ·대학 ·대학원	·중앙행정기관 ·기획처 (홍보팀) ·대학원 ·대학 ·의료원	·대학본부 ·기획처 ·대외협력과 (홍보팀) ·대학원 ·단과대학
연구	부설 연구기관	부속 연구기관	연구소	연구소		연구기관	원격교육 연구소
부속 기관	·학술정보관 ·박물관 ·동아시아 학술원 ·언론사 등	·도서관 ·언론사 등	·박물관 ·언론사 ·출판문화원 ·도서관 등	·도서관 ·특별사업단 등	·신문사 ·어학센터 등	·박물관 ·중앙도서관 ·기숙사 등	·중앙도서관 ·정보전산원 ·DMC 등
부설 기관	성균어학원 등	부속 교육기관 등	부설기관 등	학교 기업, 부설학교	학술정보처	부속/병설 학교	출판문화원
기타	학군단 등	산학협력단 등	산학협력단 등	특별사업단 등	산학협력단 등	생활협동 조합 등	산학협력단 등

규정집 개정일	2013. 12.1	2014. 1.24	2013. 8.30	2014. 1.29	2013. 5.16	2014. 1.29	2013. 3.8
홍보부서 개정일	2011. 3.1	2010. 5.10	2010. 7.9	2012. 6.25	표기 안 됨	2012. 10.25	2011.4

* 각 대학 홈페이지의 기구표, 직제규정에 표시된 내용을 기반으로 축약했음.

---

11 대학 홍보부서는 주로 총장 직속이거나 본부 행정기관의 기획처 또는 대외협력
처 내 홍보팀으로 편제해 있다. 기구표를 보면 그 대학에서 홍보팀의 위상을
가늠할 수 있다. 어느 위치에 있건 총장실과 긴밀한 접촉이 많다. 그만큼 대내외
정보에 민감해야 한다.

★★★
1부 관계의 법칙
네트워크에 집중하라

1 기자는 갑이 아니다

"큰일이야."

"기자들을 어떻게 접대하지?"

"나 술 못 마시는데."

"내가 무슨 잘못을 했길래."

홍보팀에 발령을 받은 직원들의 한숨 섞인 말이다. 그나마 자신이 창의적이라고 자평하거나 외향적인 직원들은 홍보팀으로 부서 배치를 받으면 "홍보팀은 분위기가 자유롭잖아"라는 말로 위안을 삼곤 한다. 하지만 기자들과 회식 자리에 나가면 그나마 의기양양했던 기운마저 한순간에 꺾인다. 나이도 어린 기자의 말투가 존댓말인지 반말인지 알 수 없는데도 나이 많은 팀장은 물론이고 보직교수들마저도 한참 더 어린 기자들에게 비굴하다는 느낌이 들 정도로 공손하다. 하물며 직원인 자신은 이런 자리에서 어떻게

홍보맨과 기자의 상생 관계

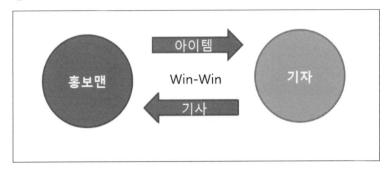

해야겠는가. 채워지는 폭탄주에 애써 정신줄을 놓았다 잡았다 하면서 쓰디쓴 '기자 접대'의 첫 경험을 하게 된다. 이때부터 기자는 부담스러우면서도 가깝게 지낼 수밖에 없는 존재임을 알게 된다. 하지만 우리가 간과하는 것이 있다. '기자' 역시 언론사라는 회사에 다니는 '월급쟁이'라는 것이다. 그들의 자양분은 '아이템'이고, 그 자양분을 제공하는 것이 바로 '우리 홍보맨'이다.

기자는 아이템에 목말라한다. 기자는 특종(단독기사)을 쓰는 기쁨보다 낙종(혼자만 기사를 못 싣는 것으로, 기자들 사이에서는 '물먹다'라는 은어로 표현)을 더 신경 쓴다. 이 생리를 정확히 알고 있어야 한다. 기자들 역시 우리의 이야기에 관심을 가지고 있다. 술자리에서 그들 역시 취한다. 함께 취하는 것이다. 서로가 알기 위해서 애쓰는 자리다. 홍보맨이 되었다고 부담을 느끼기보다는 기자와 이런 기회들을 통해 친해지자. 식사도 좋고, 차를 마시는 것도 좋다. 기자실이 있다면 쉽게 만나겠지만 없더라도 만날 기회를 자주 만드는 게 좋다. 부지런한 기자들은 스스로 출입처를 찾아다니며 아이템을 발굴하려고 발품을 판다. 서로 필요한 것이다.

막연히 기자를 '갑'으로 생각하고 부담스러운 존재로만 생각할 것이 아니라 서로 필요한 '파트너'임을 알아야 한다. 이때부터 상생 관계가 시작된다.

종종 필자에게 전화를 하는 기자들이 있다. 출입처가 바뀔 때는 후임에게 소개시켜주기도 한다. 그들에게 필자는 필요한 '이야깃거리'가 있는 '매력적인 홍보맨'으로 인식돼 있기 때문이다. 그렇다면 이러한 '이야깃거리'는 어떻게 만들어낼까. 또한 이러한 '매력적인 관계'를 어떻게 형성할 수 있을까. 그 해법들을 차근차근 알아보자.

경찰서 출입 기자의 하루

이미지 ‖ ≪조선일보≫ 기자

하루 시작

오전 8시까지 경찰서에 출근한다. 8개 조간신문, 통신사 뉴스, 인터넷 기사, 라인을 체크한다. 물먹는 게 있는지 확인하고, 쓸거리를 발제한다. 전날 하루 기사를 쓰게 되면 다음 날 아이템이 없을 수 있어 항상 미리 준비해놓아야 한다. 이런 식으로 준비한 보고 자료를 집배신 프로그램(기자들의 기사 작성 및 송고 시스템)을 사용해 오전 9시에 보고한다.

보도자료

주로 아침에 일찍 보도자료를 받는다. 하지만 아침은 너무 촉박하기 때문에 세부적인 내용을 물어보지 못하고 그냥 보고하는 경우가 있다. 중요한 자료는 전날 홍보 담당자와 미리 얘기를 나누면 훨씬 보고하기 수월하다.

보고(회의) 단계

기자들의 보고는 바이스(부팀장), 캡(팀장), 부장의 단계를 거쳐 국장까지 올라가며 검토를 받는다. 오전 회의(보고)에서 대략의 큰 그림이 결정이 되기 때문에 그 사이에 개별적으로 정리한다. 보고를 올리고 취재원을 향해 움직인다.

점심식사

12시부터 1시까지 식사한다. 오후 1시에 오후 보고가 있다. 석간이 1시에 뜨기 때문에 체크하는 것이다. 이런 이유로 취재원(홍보맨)과 밥을 먹다가도 1시 즈음에 노트북을 여는 경우가 많다. 이 외에는 취재를 하다가 중요한 사안이 생기면 중간보고를 한다.

마감

오후 4시~4시 반에 마감한다. 취재한 것을 완성해서 기사를 올리는 게 이 시간이라고 보면 된다. 캡, 부장 등의 단계에서 데스킹(위에서 기사를 보는 행위)을 할 때 요구가 있으면 급하게 취재원에게 추가 확인을 요청한다. 대부분이 기사의 완성도를 높이기 위한 것이다.

퇴근

7시에 가판이 뜨면 확인을 한다. (중간에 식사를 하면서도) 이후 8시, 9시 뉴스, 종편 뉴스까지 확인한다. 항상은 아니지만 이런 식으로 하루 일과가 마무리되는 시간이 대략 밤 11시다.

* 가판: 인쇄본이 나오기 바로 직전 페이지에 정리되어 있는 상태의 신문.

대학 관련 기사를 작성하게 되는 경로는?

담당 경찰서(라인)를 배정받으면 이름과 연락처, 이메일을 등록한다. 이 이메일로 라인에 뿌려지는 자료를 다 받게 된다. 기사 작성은 라인을 통해 받은 보도자료로 작성하는 경우도 있고 제보, 친한 취재원 이야기, 대학 게시판을 참고하기도 한다. 호기심으로 시작해 대학을 찾아가는 경우가 있는데, 지나가는 재학생이나 출신 대학 동문들의 얘기가 단서가 되기도 한다.

휴먼 스토리는 어떤 면이 부각되어야 하는가?

감동적이라는 주관적인 감정을 증명할 수 있는 객관적인 사실fact이 있어야 한다. 예를 들어 '누군가의 사랑이 애틋했다'가 아니라, '구체적으로 하루에 몇 번 만나고, 서로 사랑해서 무엇인가가 변했다'라고 해야 한다. '자식을 위한 눈물 나는 부정父情'이 아니라 '아버지는 단어장 몇 개를 만들며 자식을 가르쳐 어느 대학 무슨 과에 입학시켰다'라며 증명할 수 있는 구체적인 사실이 있어야 한다. 기자들이 매정하게 보일 수는 있겠지만 기사가 되기 위해서는 명확해야 한다. 대학의 경우 '학교가 발전했다', '학생의 질이 좋아졌다'라고 막연히 말하는 경우가 많은데, 이에 비해 취업률이나 대학 평가의 구체적인 숫자를 중요시하는 이유는 객관적인 사실이기 때문이다.

대학 홍보맨에게 한마디

학교 홍보를 위해 홍보부서에서 가끔 과장할 때가 있다. 가끔씩 무리한 홍보 욕심으로 억지로 이야기를 만들 때도 있다. '최초'나 '최고'라고 과장되게 보도자료를 보내오는데 확인해보면 아닌 경우가 있다. 작은 오타가 큰 오보일 수 있다. 가끔씩 숫자에 '0'이 하나 더 붙어 오기도 한다. 수치에 특히 주의해야 한다. 사실이 뒷받침되지 않은 감정의 나열은 지양하길 바란다.

학교에는 미담이 많다. 예를 들어 기부 소식에서 수억 원의 고액 기부가 기사가 되기를 바라겠지만 실제로는 1인당 몇 만 원씩 몇 천 명이 1억 원이 안 되는 돈을 기부하는 것이 오히려 기사가 되기 좋다.

* 기자의 출입처에 따라 일과는 다르다.

2 '조중동'만이 언론은 아니다

　흔히 '조중동'이라고 해서 ≪조선일보≫, ≪중앙일보≫, ≪동아일보≫ 등 세 언론사를 하나로 묶어 '매체 파워'의 대명사로 표현한다. 이 정도로 조중동은 영향력과 파급력이 큰 언론사며, 종편(종합편성채널)이라고 하는 방송국까지 갖춘 국내 최대 보도 기능을 가진 매체다. 그래서 이 세 언론사에 기사가 나가야 기관장들에게 '언론에 보도됐군요. 수고했습니다'라는 칭찬의 말을 들을 정도다. 하지만 '칭찬'만 받기 위해서 홍보 일을 하는가.

　거대 언론사는 자본력이 탄탄해 다수의 기자를 보유하고 있으며 최첨단의 제작 시스템을 갖추고 있다. 지면 수로만 본다면 거의 두꺼운 잡지 한 권 분량이 매일 쏟아진다. 정기구독률이나 판매율도 높아 가장 많은 발행부수를 자랑한다. 그만큼 많은 사람들에게 기사 내용이 전달된다는 뜻이다. 이런 점이 매체 영향력의 근간이다. 예전에는 언론사에 의해 선택된 정보를 중심으로 봤기 때문에 가정집이나 회사로 배달되는 신문의 정보가 다였고 큰 영향을 미쳤다. 그렇기 때문에 이러한 매체들에 노출되어야 사람들에게 알릴 수 있다고 봤던 것이다.

하지만 이제는 정보가 쏟아지고 있다. 매체의 힘보다는 오히려 수많은 정보 속에서 각자 취향에 맞는 정보를 선택하는 우리 자신의 손가락이 더 큰 힘을 갖게 되었다. 즉, 사람들의 손가락을 유혹해야 한다.

사람들은 아침에 일어나면 모바일 기기와 PC를 통해 처음으로 뉴스를 접한다. 스마트폰에는 뉴스만을 전문으로 다루는 앱(어플리케이션)이 있을 정도다. 온라인상의 노출 빈도나 조회 수 경쟁에서 조중동이라고 해서 더 큰 혜택을 보는 것은 아니다. 그들도 이를 인식해 포털사이트 등을 통해 속보 경쟁을 펼친다.

새로운 뉴스 마켓[시장처럼 상품화된 기사가 진열되어 있어 독자의 선택에 의해 판매(클릭)된다는 의미로 '뉴스 마켓'이라고 지칭함]에서는 기존의 발행부수에 따른 매체력이 의미를 상실한다. 특정 언론사의 기사라는 후광은 사라지고 온라인상의 기사끼리 경쟁하는 것이다. 기사 자체의 매력이 더욱 중요하게 된 것이다.

이런 이유로 다양한 언론사들을 주목하고 각 언론사의 특성을 이해해야 한다. 이제는 특정 소수의 언론매체에 치중한 보도자료를 만들 것이 아니라 매체별 특성에 맞는 기삿거리를 발굴해 세분화된 보도자료를 배포할 필요가 있다.

조중동이 넘기 힘든 높은 벽이었다면 개별적 특성이 있는 다양한 언론사의 다양한 두께의 벽을 뚫어야 한다. 그래야만 세분화되고 다양한 독자에게 우리가 하고자 하는 말을 전달할 수 있을 것이다. 단, 위기 상황에서는 발행부수가 많은 매체의 영향력이 더욱 큰 힘을 발휘한다는 점을 간과해서는 안 된다.

3 인터넷은 언론이다

대학에서 홍보를 한다는 것은 언론을 잘 활용하여 자신이 속한 대학을 '원하는 방향대로 널리 알리는 행위'를 말한다. 그렇다면 '언론' 본연의 뜻은 무엇인가.

언론言論12
 ○ 말이나 글로 자기의 사상을 발표하는 일, 또는 그 말이나 글.
 ○ 매체를 통하여 어떤 사실을 밝혀 알리거나 어떤 문제에 대하여 여론을 형성하는 활동.

영어로 언론은 프레스press라고 하여 인쇄를 하기 위해 위에서

---

12 『동아새국어사전』(두산동아, 2011).

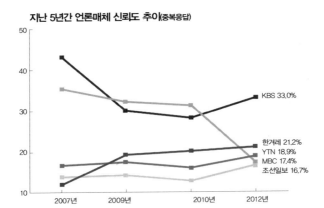

지난 5년간 언론매체 신뢰도 추이(중복응답)

KBS 33.0%

한겨레 21.2%
YTN 18.9%
MBC 17.4%
조선일보 16.7%

2007년   2009년   2010년   2012년

자료: 차형석, "MBC신뢰도, 2년 만에 '3분의 1토막'", ≪시사인≫, 제266호

　　힘을 가해 '누르다'라는 의미가 적용되는 신문, 잡지 등 종이 매체가 근간이었다. 하지만 현재 언론의 뜻은 '여론을 형성하는 모든 활동'을 말한다. 예전에는 신문이나 잡지밖에 없었기 때문에 이러한 매체가 전달하는 정보가 곧 여론이었다. 그렇기 때문에 신뢰도가 높았다. 하지만 요즘은 신문에 기사가 났다고 해서 누가 100퍼센트 믿겠는가.

　　주간지 ≪시사인≫에서 2012년 조사한 언론매체 신뢰도를 보자(특정 매체에 대한 신뢰도를 보자는 게 아니다). 그래프를 보면 언론사 보도에 대한 독자들의 신뢰도가 높지 않음을 한눈에 알 수 있다.

인터넷 여론이 대세

이 정도의 신뢰도도 다른 정보 채널에 비하면 큰 편이다. 하지만 확실히 예전만큼은 영향력이 크지 않다. 그만큼 정보를 구할 수 있는 경로가 다양화되었다는 뜻이다. 누구나 알고 있듯이 가장 큰 이유는 인터넷의 발달이다. 인터넷에서 다루어지는 정보들이 모두 신뢰도가 높은 것은 아니지만, 언론사가 독차지하고 있던 정보 확산의 힘을 나눠 갖게 된 것은 분명하다. 이러한 이유로 인터넷에 떠도는 이야기들이 주가를 오르내리게 하고, 선거의 판세를 바꾸며, 사람의 생명을 좌지우지한다. 이는 절대로 무시하지 못할 부분이다.

이렇듯 사람들의 믿음이 모여 있는 곳에서 여론이 형성되고 그것이 바로 언론이 된다. 그렇다면 인터넷 여론은 누가 확산시키는가? 크게 세 가지로 볼 수 있다.

첫째, 파워블로거다. 이들은 충성도 높은 독자들을 확보한 '인터넷 빅 마우스big mouth'들이다. 몇 년 전 '미네르바', '타진요' 등이 이슈가 되어 법적 분쟁으로까지 치달았고, 주부로 지내다 파워블로거가 되어 책을 쓴다든지 유명 강사가 되는 경우도 흔히 볼 수 있다. 수많은 경로에서 블로거들은 큰 목소리를 내고 있다. 이런 의미에서 인터넷이 여론을 형성하는 지대한 역할을 한다는 데 동의할 것이다.

둘째, SNSSocial Network Service다. 이는 TGIFTwitter, Google, I-phone, Facebook 또는 TGYF(나머지는 앞과 동일하고 Y는 Youtube)라고 하는 신

조어까지 생긴 중요한 여론 채널이다. 미국에서 첫 흑인 대통령을 만드는 데 큰 역할을 한 트위터와 페이스북 등 소셜미디어들은 이제 국내에서도 최대 커뮤니티 사이트인 싸이월드를 제치고 가장 영향력이 있는 마케팅 툴로 생각된 지 오래다(물론 지형 변화는 계속 이루어지고 있다). 최근에는 아예 SNS를 기반으로 한 뉴스 사이트도 개발돼 관심을 끌고 있다. ≪위키트리≫, ≪ㅍㅍㅅㅅ≫, ≪슬로우 뉴스≫ 등이 그 예다. 해외의 ≪허핑턴포스트≫도 2014년 우리나라에 처음 선을 보이며 SNS 뉴스 시장에 도전장을 내밀었다.

마지막으로 포털사이트 뉴스와 모바일 기기 뉴스 앱(애플리케이션)이다. 이는 가장 빠르게 국민들에게 전달되는 뉴스 채널이다. 직장인들은 출퇴근하며 스마트폰을 통해 대부분의 정보를 얻는다. 손바닥 크기보다도 작은 창이 사람들의 관심을 끄는 가장 큰 통로가 되고 있는 것이다. 일명 '네이버톱', '다음톱', '포털뉴스톱'이라는 신조어까지 생겼다. 요즘은 포털사이트 첫 화면에 기사 제목이 뜨게 하는 것을 상품으로 만들어 암암리에 사고팔기도 한다.

이와 같은 트렌드는 발 빠른 온라인 홍보 에이전시들의 상품을 보면 알 수 있다. 파워블로거, SNS, 뉴스캐스트, 웹툰, 바이럴 콘텐츠 등을 활용한 다양한 툴을 홍보 상품으로 제시하고 있다.

페이스북으로 소통하는 대학들

최근 여러 기업뿐만 아니라 공기업이나 공공기관도 이미 SNS에 과감하게 투자를 하고 있다. SNS가 꼭 필요한 소통 채널임을 알기 때문이다. 하지만 상대적으로 대학의 반응은 더디다. 자체적으로 운영하자니 전문 인력이 없고, 사람을 뽑자니 예산을 편성하기 버겁다. 그렇다 보니 학생들이 자체적으로 운영하는 사이트에 의존하는 경우가 많다.

자, 이때가 기회다. 여전히 종이 언론의 매체 파워가 강하지만 다양한 언론사들이 포털사이트에 기사를 노출하고 있기 때문에, 때에 따라서는 메이저 언론사보다도 훨씬 더 많은 조회 수를 기록하기도 한다. 의미와 재미가 있다면 언론사가 아닌 다양한 콘텐츠 크리에이터들이 만들어낸 기사들이 훨씬 더 많이 알려지기도 한다는 사실에 주목할 필요가 있다.

네이버에서 대학교 페이스북을 검색해보니 공식적으로 개설되어 있는 대학은 약 90개다.[13] 적게는 몇 백 명부터 많게는 수만 명의 '좋아요' 수를 확보하고 있다. 일부 대학은 홍보팀, 입학사정관실 등에서 홍보를 위해 개설한 경우도 있고, 단과대학이나 동아리가 개설해 활동 중인 곳도 있다.

방송통신대는 페이스북, 트위터, 블로그, 유튜브를 관리하고 있다. 페이스북은 '송이 선배'라는 캐릭터를 내세워 학교 생활을 친절하게 안내하는 역할을 한다. 대학 이름에서 딴 '송'을 활용한 것이다. 말끝에는 '있song~', 'song~'과 같이 'song'을 달아 재미도 더한다. 학사일정과 모집 일정에 맞춰 20여 차례의 이벤트를 실시한다.

---

13 2014년 2월 검색 기준.

노트북 등의 큰 선물을 주기도 하지만 주로 커피, 음료, 아이스크림 등의 작은 선물로 행사를 벌인다. 트위터는 공지사항을 확산시키거나 질문 창구로 활용한다. 주요 행사는 주로 페이스북이나 블로그에 올려서 알린다. 블로그는 학교 공식 블로그라고 정해놓고 교내 공지사항을 수시로 올린다. 학생들이 포털사이트에서 검색하면 가장 먼저 검색되도록 블로그 인기도를 높이는 것이다. 마지막으로 유튜브의 경우는 학교의 다양한 동영상을 게시하는 데 활용한다. 광고, 홍보 동영상, 무료 강의, 학생 뮤직비디오 등 다양한 영상들을 올리고 있다.

이렇게 운영해 페이스북 페이지(홈페이지의 개념)의 '좋아요'(회원수)는 약 1만 8,000개이고 '이야기하고 있는 사람'(방문한 사람 중 활동한 사람 수)은 약 400~800명(이벤트, 이슈에 따라 변화의 폭이 크다)이다. 기관 페이스북의 '좋아요'를 누른 회원수를 늘리는 작업도 중요하지만 댓글, 좋아요, 공유, 초대에 응하면 늘어나는 '이야기하고 있는 사람' 수도 중요하다. 이 숫자는 이벤트를 할 때 민감하게 반응하는 편이라 때때로 이벤트를 하는 것이다. 방송통신대 트위터에는 5만여 명의 팔로워가 있다.

한국외국어대학교는 크게 세 파트로 온라인 홍보를 하고 있다. 페이스북과 트위터를 관리하는 SNS팀, 웹진을 담당하는 블로그팀, 유튜브를 관리하는 동영상팀이다. 각 파트에는 담당직원이 있고 콘텐츠는 학생 사이버 홍보단을 통해 운영 중이다. 주요 내용은 학내외 행사, 홍보, 입시정보 등이다. 학생들이 콘텐츠를 생산해 세련된 이미지나 디자인보다는 친근한 소통을 강조한다. 다양한 커뮤니티 사이트의 동태를 모니터링하며 이슈 관리까지 겸한다. 페이스북은 2012년 3월에 개설해 약 1만 2,000명이 '좋아요'를 눌렀고, '이야기하고 있는 사람'은 약 2,400명이다.

경희대학교도 담당직원 관리하에 학생 동아리가 한글과 영문으로 페이스북 페이지를 관리하고 있다. 한글 페이지는 약 1만 4,000명이 '좋아요'를 눌렀고, '이야기하고 있는 사람'은 약 1,600명이다. 학생들이 직접 운영해 공지나 알림뿐 아니라 물건 분실 및 습득, 학교 주변 음식 이야기 등 소소한 일상이 아기자기하게 담겨 있다. 영문 페이지는 약 3만 4,000명이 '좋아요'를 눌렀고, '이야기하고 있는 사람'은 약 1,100명이다. 학교 공지사항, 뉴스, 유머, 캠퍼스 사진, 행사 안내 등을 담고 있다. 경희대학교는 외국인 비율이 높아서인지 영문 페이지 활동에서 세계 각국의 다양한 학생들의 참여가 두드러진다.

단국대학교는 학생들의 눈높이에 맞춰 대학의 상징인 곰 캐릭터 '단웅'을 화자로 설정해 소통하고 있다. 단웅이 학교생활을 하는 모습을 연출해 사진을 찍어 올려 친근하면서도 재미있다. '좋아요'는 약 1만 6,000명이고 '이야기하고 있는 사람'은 약 1,800명이다. 대학 캠퍼스 일상, 동문 연예인의 연기상 수상 소식, 각종 이벤트 등을 다루며 학생들과 소통하는 모습을 보여주고 있다.

이렇듯 몇 개 대학은 개성을 살리면서 발 빠르게 대응해 SNS를 통한 소통을 하고 있지만, 여전히 대부분의 대학들은 게시판처럼 딱딱한 공지 중심의 형식적인 소통을 하고 있다.

온라인 마케팅은 '어렵다', '복잡하다', '귀찮다'는 이유로 간과하지 말고, 점점 더 파급력이 커지는 온라인 매체에 대한 이해를 높이고 홍보 패러다임의 변화에 대응해야 할 때다.

대학별 SNS 개설 현황(네이버 2014년 2월 검색 기준)

학교명	페이스북	트위터	학교명	페이스북	트위터
가천대학교	O		남서울대학교	O	
가톨릭대학교		O	단국대학교	O	O
강원대학교		O	대경대학교	O	O
건국대학교		O	대구교육대학교		O
건양대학교		O	대구대학교	O	
경기과학기술대학교	O	O	대구사이버대학교	O	
경기대학교		O	대림대학교	O	O
경북과학대학교		O	대전대학교	O	
경북대학교		O	대전보건대학교	O	O
경산1대학교		O	대진대학교		O
경운대학교	O	O	동국대학교	O	O
경원예술대학교	O		동서울대학교	O	
경인여자대학교	O	O	동신대학교	O	O
경찰대학교		O	동아대학교	O	O
경희대학교	O	O	동의대학교	O	
경희사이버대학교	O	O	명지대학교	O	
계명대학교	O		목원대학교	O	
계명문화대학교		O	목포대학교	O	
고려대학교 입학사정관실	O		문경대학교	O	O
고려대학교의료원	O	O	배재대학교	O	O
고려사이버대학교	O	O	백석대학교		O
관동대학교		O	부경대학교	O	
광운대학교	O	O	부산경산대학교		O
광주교육대학교	O	O	사이버한국외국어대	O	
광주대학교	O		삼육대학교		O
국민대학교	O	O	서울디지털대학교	O	O
국제대학교	O		서울사이버대학교	O	O
군산대학교	O	O	서울신학대학교	O	
나사렛대학교	O	O	서원대학교	O	O

학교명	페이스북	트위터	학교명	페이스북	트위터
서일대학교	O		전남대학교		O
선문대학교	O	O	전북대학교	O	O
성균관대학교 입학처		O	조선대학교	O	O
세종대학교		O	중앙대학교	O	O
세종사이버대학교	O	O	중원대학교	O	O
수성대학교	O	O	청강문화산업대학교	O	O
수원여자대학교		O	청주대학교	O	O
숭실대학교	O	O	충남대학교		O
숭실사이버대학교	O	O	충북대학교		O
신구대학교		O	충북보건과학대학교	O	O
신흥대학교		O	한국교원대학교	O	O
연성대학교		O	한국기술교육대학교		O
연세대학교의료원	O	O	한국방송통신대학교	O	O
영남대학교	O	O	한국영상대학교		O
영남이공대학교		O	한국외국어대학교	O	O
영동대학교		O	한국전통문화대학교		O
오산대학교		O	한국체육대학교	O	O
용인송담대학교	O	O	한국해양대학교		O
우석대학교	O	O	한남대학교	O	O
우송대학교	O	O	한동대학교		O
울산대학교	O	O	한밭대학교	O	O
원광대학교	O	O	한신대학교	O	O
원광디지털대학교	O	O	한양대학교	O	O
원광보건대학교	O	O	혜전대학교		O
유한대학교	O	O	호서대학교	O	
인덕대학교		O			
인제대학교		O			
인하대학교		O			
장안대학교		O			

4 통신사의 파워를 활용하라

흔히 '언론에 보도됐다'라는 것은 지면 매체나 TV 뉴스 등에 노출이 되었을 경우를 말한다. 그렇기 때문에 ○○일보, ○○신문, 위클리○○, 월간 ○○, ○○방송 등 매체 또는 채널을 가진 신문사, 잡지사, 방송국 등에만 기자가 존재한다고 생각하기 쉽다. 그렇다면 군소 매체들은 어떻게 크게는 전 세계, 작게는 전국의 사건 사고들을 모두 다룰 수 있을까?

연합뉴스, 뉴시스, 뉴스1, 로이터, AP연합이라는 단어를 본 적이 있을 것이다. 이 단어들은 일반적으로 신문의 사진 설명이나 기사 끝 부분에 기자 이름 대신 들어가 있다. 이러한 역할을 하는 기관을 가리켜 '통신사'라고 한다. 통신사의 역할은 신문이나 TV 등 뉴스미디어들에게 뉴스를 제공하는 것이다. 즉, 언론사를 위한 언론사다(언론사는 유료로 통신사의 뉴스를 구독한다). 군소 매체들이 어떻게 전 세계, 전국의 사건 사고들을 다룰 수 있는지 그 해답이 바로 여기에 있는 것이다.

통신사는 보도자료 1차 관문

홍보맨은 통신사를 열심히 챙겨야 한다. 홍보부서에서 각 매체별로 직접 보도자료를 보낼 수도 있지만, 우리뿐만 아니라 다른 기관이나 단체 등 수많은 보도자료가 기자 메일함에 스팸처럼 몰려들기 때문에 제대로 전달되기가 힘들다. 즉, 기자들이 그냥 지나치기 쉽다. 하지만 우리 보도자료가 통신사에서 받아들여지면 신문기자들은 한 번 걸러진 기사라고 생각하기 때문에 좀 더 심도 있는 검토를 한다.

D일보 J기자는 "많을 땐 하루에 수십 통의 보도자료가 몰려온다. 일일이 보기도 힘들뿐더러, 이메일 용량이 넘쳐 반송되는 경우도 있다. 통신사 뉴스는 수많은 보도자료를 한 번 걸러주었다고 생각해 꼼꼼히 살펴보는 편이다. 아무래도 기관에서 보내는 보도자료는 글의 형식이나 내용, 오타 등을 통해 알아보기 힘든 경우가 있는데, 통신사 기사는 기자들이 정리한 것이라 간단명료해 추가 취재가 필요한지 쉽게 판가름할 수 있어 좋다"고 한다.

깊이 있는 일간지, 넓은 품 통신사

통신사의 역할 중 또 다른 큰 역할은 여러 매체에 실릴 수 있게 해준다는 것이다.

2013년 아덴 만 사건의 영웅 석해균 전 선장이 방송통신대 청소년교육학과에 입학하게 되었다. 죽음의 위기에서 구사일생으로 살아난 영웅이 60세가 되어 제2의 인생을 교육자로서 살아가겠다는 취지였다. 평생교육을 통해 은퇴 후 삶에 대한 사람들의 관심이 많던 시기라 '휴먼 스토리'와 '트렌드'가 겹친 의미 있는 기삿거리였다.

처음에는 특정 신문과 이 부분을 논의해 아주 크게 단독 기사를 만들어보려고 시도했다. 하지만 신문사의 데스크는 보도하기로 한 전날 '킬(kill, 기사를 내보내지 않음)'을 시켰다. 이럴 때 홍보맨은 두 가지 선택의 기로에 선다. 다른 경쟁 매체 기자와 의논할 것인가, 통신사를 통해서 기사를 뿌릴 것인가.

필자는 통신사를 선택했다. 이유는 언론사 데스크의 눈은 대부분 비슷하기 때문이다. 시기적으로나 정황적으로 비슷한 선택을 받을 확률이 높다. 그래서 깊이 있게 다루지는 못하겠지만 확장성을 기대할 수 있는 통신사로 선택했다.

선택은 적중했다. 통신사 기자와 의논해서 속보를 냈고, 이후 여러 매체에서 경쟁적으로 기사를 내보냈다. 이런 경우 홍보맨이 미리 준비할 것은 취재원인 석 선장의 연락처와 사진, 그리고 이것을 기자들에게 알려주어도 되는지 '허락'을 미리 받아놓는 일이다. 확장성이 큰 아이템의 경우 통신사에 기사가 뜨면 한꺼번에 10통 이상의 전화가 몰려온다(부정적인 사건의 경우에는 그보다 더 많은 연락이 온다). 다행히 석 선장은 협조적이어서 기사가 연이어 나갔다. 지상파, 종편, 케이블, 일간지, 인터넷신문 등 조사된 매체만도 수십 군데가 넘는다. 만약 처음부터 단독으로 특정 신문에 기사가 나갔다면 이 정도까지 파급 효과가 크지는 않았을 것이다. 전화위복이 된 경우다. 이렇듯 일간지에서 깊이 있게 다루어지는 것도 의미가 있지만, 통신사를 잘 활용하면 넓게 퍼지는 힘이 있어 영향력이 막강하다는 점을 기억해야 한다.

통신사 기자의 역할

김연숙 ‖ 연합뉴스 기자

통신사란?

일반 언론사는 독자나 시청자에게 기사를 제공한다. 반면 통신사는 (인터넷을 통해 직접 독자에게 기사를 전달하기도 하지만) 기본적으로 언론사가 고객이다. 그래서 영어로 '연합뉴스 에이전시'라고 한다. 기사가 날자료raw data의 성격이 강하다. 빠르고 정확해야 한다. 후발주자로는 뉴시스, 뉴스1 등이 있고, 로이터는 외국계다. 연합뉴스는 국가기관통신사라고 해서 정부에서 지원을 받는 대신 맡아야 할 책임이 있다. 예를 들어 각 지역별로 주재원과 특파원을 둔다. 그래서 국제뉴스, 지역뉴스 등 다양한 지역을 다뤄 지역 신문사에도 뉴스를 제공하는 것이다.

통신사 기사는 논조보다는 신속 보도가 중요하다. 기본을 갖춘 보도자료인 경우 웬만하면 기사가 된다.

경찰서 출입 기자(사건 팀)란?

오전 6시 반에 경찰서로 출근해 조간신문, 인터넷 기사 등 각종 뉴스를 검토하고 오전 7시에 보고한다. 1시 반에 오후 보고가 있다. 보도자료는 하루에 하나도 없을 때가 있는데 오늘(인터뷰한 날)의 경우는

5개다. 지난 취재원들이 보내는 자료나 처리하지 않아도 되는 것들이 수십 개 오는 경우도 있다. 다양한 사건·사고들은 가장 먼저 경찰서에 접수된다. 정보를 제일 먼저 파악할 수 있기 때문에 기자들이 경찰서에 출입하게 된 것이다. 일본식 시스템이라고 들었다. 그래서 기자들 사이에서 쓰는 말 중에 일본식 은어가 많다. 경찰서 기자실에는 책상, 전화 등 취재를 할 수 있는 최소한의 기자재가 있다. 사건팀이 중요한 이유는 현장을 제일 먼저 커버(담당)해 기동력이 있기 때문이다. 주니어(신입기자)들을 교육시키고 다양한 기사를 쓸 수 있다. 이런 이유로 캡(팀장)도 중요하게 여기는 것이다. 경찰서를 기반으로 인근 주요 기관을 관할하는데 그중 하나가 대학이다. 대학에서는 미담, 사건 등 다양한 일이 벌어지기 때문이다.

간사란 무슨 직책인가?

총무랑 비슷한 개념이다. 기자들이 의견을 취합해야 할 필요가 있을 때 중간에서 조율한다. 엠바고embargo* 요청부터 출입기자 간담회 때 연락을 하기도 한다. 통신사는 기본 고객이 언론사여서 공정하게 조율할 수 있고, 매체들 사이에서 이해관계가 별로 없다. (연합뉴스는 출입처마다 간사를 맡는가라는 질문에) 많이 간사를 맡고 있지만, 모든 출입처마다 연합뉴스에서 간사를 맡는 것은 아니다. 출입처에 따라 선출하기도 한다.

* 엠바고: 합의된 시점까지 언론보도를 하지 않는다는 의미의 용어.

좋은 홍보팀이란?

아이템을 먼저 제공해주면 좋다. 대학의 일상은 시즌별로 정해져 있다. 입학식, 졸업식, 방학, 성년의 날, 방학, 개강, 축제 등이 있다. 인물의 경우 교수 임용 중 특이 인물, 학생 중 특이 사례, 독특한 수업, 기부 소식 등이다.

이처럼 학교가 돌아가는 사정을 알고 틈틈이 안내를 해주는 경우가 있다. 대학이 돌아가는 (전반적인) 사정을 잘 알고 안내자 역할을 하면 좋다.

기자 입장에서 좋은 홍보맨의 자세는?

예를 들면, 교육부에서 어떤 지침이 나와서 학교에서도 준비하고 있냐고 물어볼 경우 가장 좋은 답변은 이미 상황을 알고서 '맞다, 안다'며 즉답을 해주는 것이다.

다음으로는 '들어본 것 같으니 알아봐준다'는 차선, 마지막으로 담당 부서를 연결해주는 것도 나쁘지 않다. 가장 안 좋은 것은 '답을 준다고 하고는 알아보지 않고 넘어가는 것'이다.

보도자료 작성 때 주의점은?

추상적인 용어는 피해라. 예를 들어 '어떤 캠프가 열린다'고 하면 있는 사실 그대로 쓰면 되는데, 기사처럼 쓰려고 하는 것은 알겠지만 이상하게 포장하는 경우가 있다. 장문의 보도자료를 읽어봐도 무슨 내용인지 알 수 없는 경우가 더러 있다.

5 홍보맨의 말이 곧 기사다

기자들을 만나면 말을 많이 하게 된다. 특별한 화제가 없는 상태에서 기자들의 호기심을 끌기 위해서는 다양한 이야깃거리를 늘어놓는 게 좋다. 그러다보면 기자가 관심이 있는 분야에 대해 질문하기 시작한다. 그때부터는 자세히 설명하면 좋다.

성균관대학교 기자실에는 출입기자들이 자주 방문한다. 기자실에서 함께 차를 마시거나 시간이 맞으면 식사를 함께하며 여담을 나누기도 한다. 기자와 우연히 대화를 나누었던 화제가 기사화된 사례가 있어 소개한다.

어느 날 사무실에 편지 한 통이 왔다. 봉투 속에는 한 장의 편지와 이등병의 첫 월급 7만 3,500원이 현금으로 들어 있었다. 동전은 스카치테이프로 꼼꼼하게 붙여놓았다. "군인이 되니 학교 생각이 많이 났다. 나부터 실천해야 되겠다는 생각으로 이등병의 첫 월급을 학교에 기부한다"는 내용이었다. 학교에 대한 감사의 표현이었다. 홍보팀에서는 기특하다며 칭찬의 목소리를 냈다. 마침 기자실에 D신문사 기자가 있었다. 내용을 들은 기자는 바로 캡에게 보고해 기사가 되었다. 기자와의 여담이 기사가 되는 순간이었다.

하지만 기자들이 항상 홍보부서에서 원하는 방향으로만 기사를 쓰는 게 아니기 때문에 기자들에게 이런저런 말을 할 때는 신중해야 한다. 한번은 출입기자인 K신문사 기자와 식사를 했다. 잘 아는 사이는 아니었지만 우연히 함께 식사를 하게 되었다. 인사를 하며 최근 이슈들을 이야기했다. 몇 달 전 C신문사 사회면 톱으로 실린 기사가 있다며 자랑(?)했다. 짧은 기간에 학교 주변 50여 개 음식점들이 큰 금액을 기부했다는 내용이었다. 기사가 나간 이후에 더 많은 기부업체들이 생겼다고 했다. 지난 이슈이기 때문에 살짝 넘어갈 찰나였다. 하지만 기자는 역시 날카로웠다. "그럼 100개 업체가 되는 시기는 언제죠?"라고 질문을 해왔다. 움찔했다. 안 그래도 100개 업체 참여에 맞춰 좀 더 크게 기사를 만들어 배포할 계획이었다. 일단 "네, 언젠간 달성하겠죠"라고 말했다.

이후 기자에게 매주 전화가 왔다. 이쯤 되면 피할 수 없이 단독으로 줘야 하는 상황이 된 것이다. 나름 큰 기사를 기대했던 터라 단독으로 나가기는 아깝게 여겼던 아이템이었다. 결국 끈질긴 그의 '기자 정신'으로 인해 단독으로 나갔다. 기자의 노력으로 100개 업체 기부 이야기는 K신문사 1면에 사진과 기사가 함께 실렸고 사설에서까지 다뤘다. K신문사에 기사가 나오는 날에 맞춰 통신사에도 기사를 흘려 몇 개 언론사에서 작게 나오며 마무리되었다.

'100개 업체 기부' 기사를 모든 매체에 배포했다면 기자들의 반응이 더 안 좋았을 수도 있다. 모든 기사는 상황에 따라 보도 여부와 크기가 결정되기 때문이다. 기자와의 대화 한 마디 한 마디가 중요하게 느껴지는 에피소드다. 홍보맨의 말 한 마디가 때로는 약이 되고 때로는 독이 될 수 있음을 알고 주의해야 한다.

6 3M—맛 · 멋 · 맥으로 무장하라

홍보맨으로서 몇 가지 개성을 가지면 기자들에게 좋은 기억을 남길 수 있다. 그중 맛(맛집), 멋(트렌드), 맥(인맥)을 갖추고 있으면 금상첨화다.

맛집을 알면 매력적이다

교직원 K부장은 밥을 먹으러 가자고 할 때면 절대 어디로 간다는 말을 하지 않는다. 일단 "타라", "가자"라고 말하고는 함구한 채(부산 사나이다) 후배 기자들을 병아리처럼 몰고 가며 미소를 띤다. 대학 출입기자는 상대적으로 젊은 층이라 대선배 격인 홍보부장의 말이면 기분 좋게 "예" 하며 따라간다.

K부장은 종로에 있는 좁은 골목을 지나 허름한 집으로 들어간다. 어영부영 쫓아가다 보면 길을 외우기도 힘들다. 어쩌면 이것

도 '선배로서 멋지게 보이려는' 전략일 수도 있다. 이렇게 좁은 길에 뭐가 있을까 싶지만 어느새 나타난 허름한 음식점 앞에는 이미 줄이 길게 서 있곤 한다. 사람들은 군침을 삼키며 맛집 사장님의 "거기 몇 분 들어오세요"라는 호출을 행복하게 기다린다. K부장은 이미 사장과 막역한 사이인지 "왔어~"라며 줄을 뚫고 들어가 자리에 앉는다. 이런 집에는 메뉴가 잘 보이지도 않는다. 하지만 자연스럽게 "반반" 하고 "두 개" 넣고 "하나씩" 주라고 능숙하게 주문을 한다. 과연 반반은 뭐고 하나씩은 무엇을 말하는 걸까? 일하는 아주머니는 자연스럽게 문어 반 수육 반, 막걸리를 두 통 넣은 주전자, 해장국 하나씩을 일사천리로 착착 내어놓는다. 주문하면 바로 나온다. 기자들과 후배 직원은 그의 능숙함에 감탄사를 보낸다.

K부장은 홍보도 베테랑이지만 맛집 정보도 베테랑이다. 가볍게 "음식점이 몇 십 년 되었고, 지금 제철 음식으로 이런 게 좋다"라는 설명도 빼놓지 않는다. 기자들은 베테랑 선배의 말에 귀를 쫑긋 세우고 맛있게 먹고 자리를 뜬다. 센스 있는 기자들은 음식점 명함을 챙기며 '다음에 나도 누군가 데려와야지' 하는 눈치다.

K부장의 인간관계는 맛집에서 나온다. 언론사 국장·부장들과는 고급 식당이 아니라 허름하지만 맛과 멋이 있는 집에서 만나곤 한다. 그런 이유로 K부장을 만나는 일은 '일'을 하는 느낌보다는 '맛'을 만나는 느낌이다. 필자는 K부장과 약 8년간 일했다. K부장은 정년을 앞두고 있지만(책이 나올 즈음엔 퇴직했을 수도 있다), 여전히 새로운 맛집에 후배들을 병아리 몰듯 데려간다. 그리고 동행한

사람들이 맛집에 감탄하면 조용한 미소로 만족감을 표현한다.

　나도 이러한 내공을 전수받아 기자들을 만날 때면 식사 장소를 중요시한다. 항상 맛집만 갈 수는 없지만 음식점을 고를 때 신중하게 고민한다. 그러고는 말한다. 내 '나와바리(영역)'의 맛집을 알고 싶으면 연락하라고. 그러면 기자 중에 꼭 연락하는 사람이 있다. 필자는 또다시 기자에게 필요한 존재가 되는 것이다.

멋(트렌드)을 알면 매력적이다

　대학 출입기자는 경력이 긴 편이 아니다. 따라서 나이가 젊고 호기심이 많다. 남자의 경우는 일반 직장인들과 마찬가지로 여자 친구를 사귈 나이고, 데이트 코스와 문화 트렌드, 스타일 등에 관심을 가질 때지만, 대부분 언론고시를 준비하느라 이런 정보를 접할 기회가 거의 없었다. 그들의 모습을 보면 유행과는 거리가 멀고 술과 스트레스로 지쳐 힘든 사회 초년생인 경우가 많다.

　이럴 때 몇 가지 팁을 주면 상당한 관심을 보이게 되고 필요할 때 먼저 연락이 오기도 한다. 즉, 트렌드를 꿰고 있으면 기자에게 필요한 존재가 되는 것이다. 대학 홍보는 형식적으로는 대학과 언론사 간의 소통의 결과다. 조금 인간적으로 말하면 홍보맨과 기자와의 관계라 할 수 있다. 물론 기사가 될지 말지를 결정하는 데는 콘텐츠가 가장 중요하다. 하지만 홍보맨과 기자의 호흡에 따라 될 기사도 안 되고, 안 될 기사도 되는 경우가 있다. 홍보맨은 일단 자신의 소속기관을 홍보하는 것이 급선무이겠지만 그러기 위해서는 기자에게 매력적인 사람이 되는 것도 중요하다. 선배라면 형으로서 후배라면 멋진 후배로서, 무엇인가 매력 포인트를 가지고 있으면 좋다.

인맥이 넓으면 매력적이다

기자들이 얻는 정보는 대부분 사람에게서 비롯된 것이다. 각자 담당 출입처가 있기 때문에 시간이 지나면 자연스레 관련 분야의 많은 사람을 알게 된다. 하지만 조직의 일원이기 때문에 인사이동이 있으면 새로운 취재원이 필요해진다. 아이디어를 제공해줄 사람도 필요하지만, 기자들이 가장 선호하는 사람은 기사의 말미에 쓸 코멘트를 해줄 전문가 그룹, 즉 교수들이다.

기자들이 대학 홍보팀에 전화하는 이유 중 상당수는 교수 연락처를 묻기 위해서다. 또는 어떤 분야의 관련 교수로 누가 있냐는 질문을 많이 한다. 그렇기 때문에 홍보맨은 사회 전반에 관해 식견과 의식이 있는 교수들에 대한 정보를 가지고 있어야 한다. 더불어 교수와 친분이 있다면 더욱 좋다.

초보 홍보맨이 낯선 기자에게 전화를 걸어 인사하기란 여간 멋쩍은 일이 아니다. 이런 이유로 기자가 필요에 의해 먼저 전화를 했을 때 인사를 열심히 해두는 것이 좋다. 사회부가 아니더라도 서로 기억을 해두면 나중에 다른 기회로 만날 때 훨씬 매끄럽게 시작할 수 있기 때문이다. 기자도 도움을 받은 상황이기 때문에 긍정적인 기억을 갖게 된다.

미팅 때 알아두면 좋은 것들

경찰서 출입기자들에게 이야기해주니 관심을 가졌던 몇 가지 팁을 정리해본다.

맛집 정보는 필수

• 맛집 정보를 꿰라: 맛있는 음식을 먹으면 기분이 좋아진다. 누군가 와 기분 좋은 시간을 갖기 위해서는 맛집으로 소문난 음식점을 선택 하는 게 기본이다. 지인의 소개로 맛집을 알게 되면 상호, 전화번호 와 함께 지역, 대표 메뉴 등을 핸드폰에 입력해두면 좋다.

• 미리 예약하라: 음식점 입구에서 예약했음을 알리고 안내받는 것과 입장하려는데 자리가 없어서 기다리는 것은 천양지차다. 특히 두 번 째 장소로 이동할 때도 꼭 전화해서 예약을 하는 게 좋다. 바로 예약 이 안 된다면 언제 자리가 비는지 물어보자. 가게가 개인 사정으로 닫히거나 생각지 않게 폐업을 한 경우도 간혹 있기 때문이다.

• 꼭 가봤던 장소를 택하라: 입장할 때 두리번거리거나 어떤 메뉴가 있 는지, 가격이 얼마인지 살펴보는 것은 왠지 어수룩해 보인다.

• 음식점의 히스토리를 숙지해둬라: 음식점에 도착했을 때 사장은 누구 고 언제 개업했으며 왜 유명해졌는지를 이야기하다보면 같은 음식 도 더 먹음직스럽고 상대방에 대한 신뢰도도 높아진다.

• 프랜차이즈 업소는 피하라: 프랜차이즈 식당은 특별히 고민해서 장

소를 선택한 느낌을 주지 않는다. 단, 본점이나 안테나숍, 해외 프랜차이즈 1호점 등은 히스토리가 있어 괜찮다.

패션도 전략이다

• 옷 입는 브랜드를 정하라: 남자들은 옷을 직접 사지 않고 어머니 취향에 맞춰 입는 경우가 많다. 직접 돈을 벌고 나서야 이런 저런 옷들을 사게 마련이다. 하지만 이렇게 되는 대로 옷을 사면 옷들끼리 서로 맞추어 입기가 힘든 경우가 많다.

옷을 잘 입는 사람이라면 머릿속에 기존 아이템들을 고려해 모두 다른 브랜드를 사도 코디를 잘할 수 있지만, 초보자들은 그렇지 않다. 따라서 비슷한 분위기를 내는 한두 브랜드를 정해서 입으면 적어도 깔끔하다는 소리는 듣는다.

• 마네킹이 입고 있는 한 벌을 통째로 구입하라: 그동안 관심을 갖지 않던 패션을 한순간에 따라잡기란 어렵다. 이럴 때 가장 손쉬운 방법이 바로 마네킹이 입고 있는 옷을 그대로 사는 것이다. 마네킹이 입고 있는 옷들은 디자이너들이 고심해서 내건 시즌 상품이라 무난히 성공할 수 있다.

• 정장이 가장 무난하다: 학생과 직장인의 첫 구분점은 복장이다. 기자들은 방송기자를 제외하고는 카메라 앞에 설 일이 적다보니 캐주얼 의상을 많이 입게 된다. 하지만 적절하게 정장을 입으면 한결 프로다운 느낌이 나면서도 스타일리시해 보일 수 있다.

• 피트를 느껴라: 옷을 입을 때 '피트fit'라는 표현을 쓴다. 옷이 몸을 감

66

싸는 느낌을 말하는 것이다. 어깨 부위와 겨드랑이가 약간 끼는 느낌이 들 때가 좋다. 처음에는 불편하게 느껴지지만 곧 익숙해질 것이다. 이 피트가 '아저씨'와 '오빠'의 차이를 만들어준다. 피트를 느끼며 옷을 고르는 것이 쉽지 않다면 옷을 파는 사람을 믿어보는 것도 한 방법이다. 그들이 전문가이기 때문이다.

• 정장은 세 벌만 있으면 웬만한 스타일링이 가능하다: 블랙(관혼상제 때 모두 어울린다), 네이비(가장 신뢰감이 높은 색이다. 많은 직장인들이 입고 깔끔해 보이는 장점이 있다), 그레이(푸른 드레스셔츠와 입으면 세련돼 보인다)의 세 가지 정장을 기본으로 갖고 있으면 좋다.

• 색을 맞춰라: 남자들의 정장은 대부분 비슷하기 때문에 차이를 둘 수 있는 아이템이 바로 넥타이, 시계, 벨트, 구두다. 여기서 시계와 벨트, 구두는 꼭 색을 맞춰야 한다. 이 세 가지 아이템의 색을 검은색 또는 갈색으로만 맞춰도 기본은 된다.

• 드레스셔츠는 흰색과 푸른색 계열로 준비하라: 이 패션 팁은 사회 초년생들을 위한 것이다. 줄이 있는 셔츠나 다른 색 셔츠는 앞에서 말한 세 가지 색의 정장과 좀 더 세밀한 조합이 필요하기 때문에 패션 전문가가 아닌 필자로서는 더 이상의 설명이 힘들다. 하지만 흰색은 모든 색의 정장에 어울리고, 푸른색 계열은 네이비와 그레이 정장에 잘 어울린다. 이 정도만 유지해도 깔끔한 인상을 심어주기에 충분하다.

기타

• 피부 관리: 피부과에 가서 특별 관리를 받으라는 게 아니다. 깔끔하게 관리하는 것이 중요하다. 의사인 S총장은 여러 자리에서 나이가 들면서 절대 하지 말 것은 '담배'이고, 꼭 할 것은 '자외선 차단제'를 바르는 일이라고 했다. 젊어지려는 게 아니라 이것이 노화와 기미, 잡티가 생기는 것을 막아주기 때문이다. 깨끗한 피부는 홍보맨이 아니라도 누구에게나 중요하기 때문이다.

7 프레스키트 준비하는 법

홍보맨이 자기가 근무하는 대학 이름을 이야기한다. 그때 기자가 "아, 거기 무슨 과 몇 학번 ○○○ 알아요? 무슨 과 ○○○ 교수 아는데"라는 말을 한다. 총장 이름, 학교 위치, 역사, 특성 등 몇 가지를 줄줄 읊는다. 이 정도로 우리 대학에 대한 사전정보를 가지고 있다면 홍보 담당자 입장에서는 참 고마운 경우다. 하지만 위치를 묻거나 생소하다는 반응을 보인다면 장황하게 설명해야 한다. 이때 설명을 대신할 수 있는 것이 '프레스키트press kit'라고 보면 된다.

프레스키트는 주로 기업들이 회사의 특징과 상품, CEO의 약력 등을 간략히 담아 기자간담회에서 전달하는 자료다. 대학도 프레스키트가 필요한데, 특히 총장 인터뷰나 기자간담회 등이 잡혔을 때 아주 요긴하다. 총장 인터뷰 때 예상 질문을 미리 받아 답변을

프레스키트 삽입 내용

목차	내용
대학 개요	설립 목적, 조직, 학생 현황, 동문 수, 연혁, 주소, 건물 사진 등
총장 소개	사진, 학력, 경력, 수상, 저서 등
학과 소개	학과명, 유명 교수, 인기 학과 및 신설 학과 소개
대학 이슈	연구 유치, 연구비 규모, 교육부 지원사업 등
대학 특장점	대학의 특징, 대학 평가 결과, 수상 실적 등
모집 요강	모집 일정, 모집 인원, 전형 방법, 등록금, 장학금 등
특이 인물	유명 동문, 유명 교수, 특이 학생 등
FAQ	자주 묻는 질문과 답변 정리

간단히 작성해주거나 학교 이슈에 대한 몇 가지 사실을 정리하는 것만으로는 부족하다. 대학의 주요 연혁과 장점을 요약해 눈에 잘 띄게 만들어 전달할 필요가 있다. 최근 대학에서 알리고 싶은 이슈를 적는 것도 한 방법이다.

학교마다 브로슈어, 리플릿 등 작은 책자를 만들지만, 대부분이 학생, 학부모, 동문, 방문객 등을 위한 자료다보니 외관만 화려하고 미사여구가 넘쳐난다. 또한 많은 예산을 들여 만든 책자여서 자주 만들기도 부담스럽다. 프레스키트는 말 그대로 언론사를 상대하기 위한 정보 모음이다. 수시로 업데이트해서 필요한 순간에 사용하면 좋다.

내용은 크게 학교, 인물, 입시 등 세 가지로 구분할 수 있다. 학교에 관한 내용으로는 대학의 설립 목적, 조직 구성 및 인원, 연간 예산, 학생 현황 등이 있다. 인기 학과와 관련 교수 중에 유명 교수가 있다면 그것도 삽입한다. 대학마다 다양한 평가 및 연구 수주로 인해 어떠한 정부 지원을 받고 있는지도 담아야 할 내용이다. 총장의 이야기도 넣어야 하는데, 약력뿐만 아니라 대외활동 사항도 포함시키면 기자들이 아이템을 구상하는 데 도움이 된다. 동문들도 중요한 이야깃거리다. 각계에서 리더로 활동하는 동문들에 대한 내용을 정리하면 이것들만 묶어도 기사가 되기 때문이다. 이외에 특이한 학생, 동아리, 수상 학생, 기부 소식 등의 이야기가 있다면 좋다. 언론에 이미 소개된 내용이라도 정리해 프레스키트에 담으면 학교에 대한 이해도를 쉽게 높일 수 있다. 입시 기간 및 인원, 학과, 장학금 혜택 등을 담은 모집 요강도 필수 요소다.

마지막으로 학교에 대해 자주 묻는 질문과 답변을 잘 정리한 FAQfrequently asked questions를 넣으면 기자가 묻고 싶어 하는 질문들에 대해 학교 관계자가 자연스럽게 답변하는 식이 된다.

8 기자 간담회를 자주 하라

학교 관계자와 기자가 만나는 모임을 멋진 말로 '간담회'라고
한다. 정답게 서로 이야기를 나누는 모임이라는 의미다. 만나는
방법은 크게 네 가지가 있다.

교육부 출입기자 간담회

A신문사 C기자는 "대학이 해명할 일이 있거나 자랑거리가 있
을 때 주로 개최한다. 대학 주최 간담회가 있다고 해서 확인해보
면 십중팔구 이런 이유"라고 말한다. 교육부 출입기자는 여러 언
론사 소속 50여 명으로, 간담회의 현안에 따라 참석자 수는 수시
로 변한다. 교육부 기자실 간사나 주무관에게 먼저 연락해 간담회
를 개최하려고 한다며 간담회 시간, 장소 등에 대해 물어보면 능
숙하게 정리해준다. 대학에 대한 관심에 따라 다르지만 보통

15~20명의 기자들이 참석한다. 홍보팀은 간담회 전에 교육부 기자실 간사, 주무관 등을 먼저 만나 친분을 쌓아두는 것이 필수다. 모임에 대한 안내 및 참여 독려를 이들이 하기 때문이다. 만난 자리에서는 프레스키트와 기념품 등을 나눠 주며 최근 학교 현황에 대해 담화 형식으로 진행한다.

학교에서는 기자 참석 수에 따라 총장, 처장, 기자와 친분이 있는 교수, 교직원 등이 참석해 함께 이야기를 나눈다. C기자는 "교육부 출입기자는 상대적으로 대학 관계자를 직접 만날 기회가 적다. 경찰서 출입기자가 주변 대학을 담당하기 때문이다. 간담회를 통해 인맥도 넓히고 총장을 직접 만나 근황을 듣는 기회라 좋게 생각한다"고 했다.

2013년 말 교육부가 세종시로 이전해 총장 주최 간담회의 모습도 변화가 생겼다. J신문사 I기자는 "세종시 청사로 옮긴 후에는 예전과 같이 총장과 대학 보직자들이 한꺼번에 찾아와 만나는 경우는 없고, 가끔 처장이 찾아오는 경우는 있다"며 "앞으로 자리가 잡히면 새로운 형식의 간담회가 이루어질 것"이라고 예상했다.

언론사 간담회

하나의 언론사와 학교가 만날 때는 보통 편집국장, 사회부장, 데스크와 캡 그리고 출입기자가 참여한다. 학교는 총장, 처장, 팀장, 직원 등이 배석한다. 10명 이내가 모이는 것이 보통이다. 이 경우 언론사에서도 총장과 친분을 쌓을 수 있는 기회이기 때문에 식사 또는 술자리를 하며 짧은 시간 내에 친밀감을 보인다. 총장이 술에 관대하다면 가장 술을 많이 마시는 자리다. 언론사 주변인 광화문 인근 식당에서 주로 모인다. 이런 자리가 몇 번 이루어지면 언론사도 학교의 주요 정보를 인지하거나 관심을 갖게 되어 큼지막한 기사가 나올 수 있다.

이런 만남은 총장이 언론사 주요 보직자와 친분이 있는 경우에 이루어지는 경우가 많다. 평교수와 평기자 때 만났던 인연을 이어가는 것이다. 대학과 언론은 조직적으로도 상보적인 관계이기 때문에 한번 친분이 맺어지면 오랫동안 지속되는 경향이 있다.

경찰서 출입기자 간담회

대학에 따라 기자실이 있어 자연스럽게 만나거나 식사를 하며 대화를 나누는 경우가 있지만, 기자실이 없는 경우에는 기자와 연락해 약속을 잡고 만난다. 모임은 점심과 저녁식사 중 선택하는데, 아무래도 저녁모임은 술자리로 이어지는 경우가 많다. 경찰 출입기자들은 종종 대학을 직접 방문하기 때문에 만남 장소는 주로 각 대학 주변이다.

《중앙일보》 이경희 기자의 책 『기사되는 보도자료 만들기』에도 나오듯이 기자들은 밥보다 기사를 좋아한다. 만나서 친분을 쌓는 것도 더할 나위 없이 좋지만, 만나기만 하고 기삿거리가 없다면 기자들도 바쁜데 굳이 밥을 먹으러 나올 이유가 없다. 더구나 홍보팀에게 기자와의 만남은 보도자료를 기사화시키기 위한 중요한 과정이다. 짧은 시간에 기자의 마음을 움직여야 한다. 그냥 차 마시고 밥 먹는 시간이 아니다.

그렇다고 준비한 자료가 항상 보도되지는 않는다. 이런 경우 애초 기삿거리가 아니었을 수도 있지만, 운이 나쁘게도 그날 더 비중 있는 기사가 많아서 밀릴 때도 있다. 그러니 너무 의기소침할 필요는 없다. 기사는 놓쳐도 사람은 남는다.

한국대학홍보협의회와 언론사 간담회

전국에 있는 대학 홍보 담당자 모임인 한국대학홍보협의회는 해마다 하계와 동계 두 차례의 세미나를 개최한다. 함께 숙박을 하며 홍보 전문가 교육, 기자 강의, 대학 간 교류 및 친목 도모를 한다. 이때 한두 언론사가 협찬을 하거나 강의를 하기 위해 세미나장에 참석하며, 여기서 언론사 관계자들을 만난다. (언론사마다 차이가 있지만) 편집국장, 사회부장, 기자뿐만 아니라 광고국의 광고국장, 광고부장을 비롯한 광고 담당 직원들이 대거 참여해 폭넓은 교류가 이루어진다. 언론사의 광고 담당자들은 기자와 같이 공채로 입사하거나 경력직으로 입사한 이들로, 기자들과도 두터운 인맥이 있어 가깝게 지내면 도움이 된다. 특히 기자들에게 묻기 어려운 언론사 내 인사, 사업방향, 광고계 동향 등의 정보를 알고 있는 경우가 많아 다양한 정보가 필요한 홍보 담당자에게는 꼭 필요한 존재다.

신문사 주최 간담회

모든 매체가 진행하는 것은 아니지만 신문사의 광고국이 주최하는 간담회가 있다. 편집국 사회부 기자들도 참석해 서로 인사하고 인적 네트워크를 다진다. 이때는 언론사가 식사나 기념품을 준비하는 입장이 된다. 기자들도 좋은 아이템이 있을 때 먼저 연락을 달라는 부탁을 하기도 한다. 앞서 말했듯 기자와 홍보맨이 상생관계임을 여실히 드러내는 행사다.

예전에는 보도자료를 신문사에 직접 찾아가서 전달하거나 우편, 팩스 등을 이용해 보냈지만 이제는 대부분 이메일로만 연락하고 문자메시지를 보낸다. 문화부나 출판 쪽은 여전히 원문이 담긴 CD나 책을 보내야 하기 때문에 우편 등의 방법이 활용된다. 교육, 사회부 쪽은 서로 바쁘기 때문에 이메일 후 전화 연락을 선호한다. 평상시에 기자 간담회의 역할은 홍보에 힘을 싣기 위함이지만 실제 두 기관의 만남이 빛을 발할 때는 위기 상황이다. 부정적인 상황이 생겼을 때 다루지 않을 수는 없으나 학교 이름을 기사 제목에서 내리고 알파벳 이니셜로 내보내거나 기사 분량을 줄이는 등의 호의를 베풀 수도 있다. 자주 보지는 못하더라도 지속적으로 만남의 기회를 만들며 서로 상생관계를 맺는 것이 좋다.

기념품에 대학의 개성을 담아라

홍보팀이 가진 고민 중 하나가 기념품 및 선물 선정이다. 주로 기자들에게 주기 위해 만들지만 기관 방문, 기부자 선물 등 대내외 협력을 위해서도 많이 쓰인다.

판촉물 업체가 제시하는 비슷한 기념품들이 가장 많이 사용되지만 대학의 개성을 살려 기념품을 자체 개발하기도 한다.

성균관대학교의 교목은 은행나무로, 마침 은행잎차가 있다는 사실을 알고 기념품으로 만들었다. 큰 상자 안에 작은 상자 4개가 들어 있다. 상자 앞면에는 '전통과 첨단의 조화'를 보여주는 명륜당(조선시대 강의실)과 600주년기념관(현 대학본부 건물)의 수채화를 담았고 뒷면에는 교시校是인 '인의예지仁義禮智'를 담았다.

덕성여자대학교는 교화인 무궁화를 응용해 브로치를 만들기도 했고, 서강대학교는 개교 50주년을 맞아 기념우표를 제작했다. 경희대학교는 한의학과의 이미지를 내세워 우황청심환과 쌍화탕 등 한방을 접목한 기념품을 준비했다.*

고려대학교는 글로벌 대학임을 기치로 내걸며 붉은 교색을 상징하는 와인을 기념품으로 선정했다. 이후 여러 대학들이 와인을 기념품으로 선택했다. 연세대, 서강대, 중앙대, 대구가톨릭대 등은 추석 선물로 와인을 대량구매해 언론에 보도되기도 했다.**

기념품은 개인의 취향에 따라 천차만별이기 때문에 정답이 없다. 하지만 홍보팀 입장에서는 대학의 특성을 담은 기념품을 개발해야 하기 때문에 고심해야 한다.

대중적인 기념품
· 식품류: 와인, 차, 초콜릿, 쿠키, 쌀, 과일
· 전자제품: USB메모리, 블루투스 이어폰, MP3플레이어, 무선마우스, 시계
· 문구류: 기자수첩, 만년필, 펜, 다이어리, 명함케이스, 필통, 연필꽂이, 책갈피
· 액세서리: 지갑, 넥타이, 스카프, 양말, 목도리, 장갑, 손거울, 브로치
· 식기구: 그릇, 머그컵, 텀블러, 숟가락 세트
· 기타: 부채, 골프공, 골프핀, 우산, 수건

* "차茶 · 브로치 · 우표……대학 기념품 진화 중", 연합뉴스, 2010년 7월 25일.
** "대학 따라 술맛도 다르다?…… 추석 선물 대학 와인 인기", ≪한국경제≫, 2012년 10월 1일.

9 대학은 교육서비스기관이다

대학을 '교육기관'이라고 한다. 이 단어는 교수와 학생 간 '교육의 주고받음'에서 비롯된 명칭이다. 그렇다면 교직원에게 대학은 어떤 기관인가. 필자는 '교육서비스기관'이라고 말한다. 사제 간의 교육 커뮤니케이션이 원활히 이루어질 수 있도록 행정적으로 서비스를 해주는 것이 교직원의 역할이라고 보기 때문이다.

그런데 가끔 교직원이 '서비스'라는 본분을 잊고 '교육(가르치는 듯한)'을 하려는 모습을 보일 때가 있다.

2013년 ≪중앙일보≫와 여론조사 기관 리서치앤리서치(R&R)가 대학 평가 20돌을 맞아 실시한 '대학생 만족도 조사'에 '학사행정 서비스'에 관한 항목이 있었다. 조사 대상은 2012년 대학 평가 종합 30위 내에 있는 대학들이다. 각 대학마다 100명의 재학생과 일대일 면접 방식으로 조사했다. 만족도는 100점 만점에 60.86점이었으며, 전반적으로 불친절하다는 이미지를 갖고 있었다. '교직원이 친절하다'고 답한 학생은 51.5퍼센트였다. '학생과의 의사소통이 원활하다'고 느낀 학생은 45.7퍼센트에 그쳤다.[14]

학생들을 향한 교직원 서비스의 현실을 명확하게 보여주는 조사다. 대학도 이런 이유로 CS Customer Satisfaction(고객 만족) 교육을 실시하는 등 다양한 노력을 한다.

교직원 친절도 상위권인 동국대학교는 학생 모니터링단을 운영 중이다. 교육을 받은 학생들은 전 부서를 방문해 서비스를 평가하고, 이를 교직원 평가에 반영한다. 성균관대학교의 경우는 전화 응대 매뉴얼을 만들어 직원들에게 배포하고 교육한다. 또한 직원들에게 거울을 나눠 주며 웃음을 연습하게 하고, 무작위 암행 전화를 통해 직원 친절도를 판가름한다. 하지만 말과 웃음만으로 서비스의 완성도가 높아질까? 최상급 서비스는 학생(고객) 입장에서 이루어질 때 완성도가 높아진다.

이전에는 사용자 중심의 편의성을 고려한 UI User Interface였다면, 현재는 사용자의 경험에 근거한 UX User Experience를 강조한다.

원서 마감 7시간 30분 만에 합격자 발표
대학에 지원한 학생과 가족은 하루라도 빨리 합격 여부를 알

---

14 대학 평가팀(천인성 기자 외), "대학생 만족도 조사", 《중앙일보》, 2013년 4월 30일.

고 싶어 한다. 성균관대학교는 이러한 마음을 읽고 원서 마감 7시간 30분 만에 합격자를 발표해 화제가 되었다. 합격자 사정이 이미 끝났으니 궁금해하는 이들에게 빨리 알리자는 것이 그 취지였다. 발표 예정일이 남아 있었지만 고객(학생, 학부모) 입장에서 생각한 것이다. 이는 입학처 직원들의 '서비스 정신'의 결과라며 언론에 보도가 되었다("원서 마감 7시간 30분 만에…… 성균관대 합격자 초고속 발표", 《중앙일보》, 2012년 12월 28일).

안내 문구도 부드럽게

어느 날 학교 시설 관리팀 후배 직원이 찾아왔다. 교내 잔디밭에 출입 금지라는 말을 걸어야 하는데 순화된 표현이 없냐는 것이다. 8개 문구를 써주었다. 후배는 어떤 문구를 고를까 고민했다. 필자는 모든 문구를 활용해 다르게 쓰기를 권했다.

그 문구들은 '밟으면 아파요', '쑥쑥 자랄 수 있게 해주세요', '새 잎 푸르게 푸르게' 등의 잔디 입장에서의 문구였다. 반응이 좋았다. 관리팀의 입장은 시설의 보호, 관리, 유지가 목적이기 때문에 주로 직설적인 표현을 사용한다. 이런 이유로 시설물에 주의, 경고 표시 뒤에는 대부분 '관리 책임자 백' 등 최종 결재권자의 직책이 쓰여 있는데, 모두 권위를 담은 것이다.

조금만 더 고민해 학생들과 사용자 입장에서 정리하면 재밌으면서도 부드럽게 하고 싶은 말을 전달할 수 있다.

학생이 되어 학생을 보다

방송통신대에는 자기계발을 위해 대학에 다니는 사람이 많다. 직장인이 80퍼센트 이상이라는 점이 이를 증명한다. 원격대학이고 수업 방식도 출석수업과 온라인수업을 병행해 처음 입학한 사람들에게는 어색하다. 그래서 공부 자체보다도 학습 방법에 적응하지 못하고 중도 탈락 또는 포기하는 경우가 많다. 더구나 1학년으로 입학하면 전공이 아닌 교양 과목에 어려움을 느끼고 힘들어한다.

그래서 직장인인 필자가 방송통신대에 직접 입학해보기로 했다. 과연 이러한 이야기가 맞는가 확인해보고 싶었고, 개인적으로도 자기계발의 필요성을 느꼈기 때문이다. 방송통신대에 입학을 하니 멘토, 튜터, 학교, 학생회 등에서 이메일과 문자를 지속적으로 보내며 학생들을 챙겼다. 하지만 학교의 특성상 용어 자체가 생소했기 때문에 이해하기 힘들었다. 수업, 과제물, 시험, 대체시험, 보고서 등 비슷한 용어들이지만 헷갈렸다. 다행히 학습 모임인 스터디그룹을 통해 선배들과 먼저 입학한 같은 학년을 만나 안정감을 찾았다. 이렇게 2개월을 보내며 필자는 학생들의 입장에서 부족한 점들을 보게 되었다. 직원이기만 했다면 절대 보이지 않을 것들이었다. 불편함이 발생할 때마다 해당 부서에 전달했다. 덤으로 학생들 중 '감동적이고 독특한 사연을 가진 학생들'도 알게 되어 언론에 제보해 기사화시키기도 했다.

이상의 사례들처럼 교직원은 항상 소비자(학생) 입장에서 생각해야 한다. 보도자료도 마찬가지다. 학교(교직원)나 언론사(기자) 입장이 아닌 독자 입장으로 써야 한다. 교내 각종 문구나 외부에 보이는 문서는 사용자(학생, 예비 대학생, 학부모 등) 입장에서 써야 한다. 대학은 교육서비스기관으로, 교직원은 항상 학교 구성원의 입장에서 생각해야 함을 잊지 말자.

★★★
2부 관심의 법칙
호기심을 가져라

10 당신의 대학은 몇 위?

해마다 대학들을 긴장시키는 언론사 발표가 있다. 바로 대학 평가 순위다. 이 순위는 언론사가 전문 기관과 함께 평가 기준을 세워 점수를 매기는 것이다.

1994년에 시작해 국내에서 가장 오래된 ≪중앙일보≫ 평가, 2009년부터 시작한 ≪조선일보≫·QS아시아 대학 평가, 2010년부터 대학지속가능지수를 조사 발표한 ≪경향신문≫, 2013년부터 컨설팅회사인 딜로이트와 함께 국내 대학의 취업 지원 역량을 평가하는 ≪동아일보≫ 등이 있다.

이렇게 계속해서 생겨나는 대학 평가에 대해 얼마 전 KBS 뉴스에서 문제 제기를 했다. 다양한 전문가의 의견을 들며 "천편일률적인 잣대를 들이대는 언론사의 평가제도는 대학의 특성화와 균형 발전을 가로막는 장애물이 되었다"는 것이다.[15]

10여 년 동안 대학 평가를 담당한 한 대학 교직원은 "평가를 통해 대학의 역량, 비전, 연구 성과 등을 점검해 계획을 세울 수 있다. 해외 대학과의 경쟁력에 부합하는 평가 지표로 인해 대학의 글로벌화를 이끄는 견인차 역할도 한다"며 긍정적인 측면을 말했다. 이어 "문제는 순위에 너무 집착한다는 것이다. 순위를 잘 받기 위해 교육 연구의 본래 목적보다는 자원에 집착한다. 한때 기숙사 확보율이 평가 지표였는데 이 때문에 대학들이 기숙사를 경쟁적으로 지었다. 시설은 개선되었지만 학생들의 기숙사비는 늘었다"며 문제점도 지적했다.

이전에는 국내 대학 평가를 할 때 지표에 대한 자료를 각 대학들로부터 받았다. 이로 인해 자료의 신뢰도에 문제 제기가 많았다. 하지만 이제는 정부 공시 자료만으로 평가한다. 그럼에도 지표의 가중치가 특정 대학에 유리한 게 아니냐는 지적이 끊이지 않는다.

한편 대학 평가팀에 있던 J신문사 L기자는 "평가 초기에는 정량적인 부분의 평가가 주였다. 하지만 시간이 갈수록 대학들이 많은 노력을 기울여 정량적인 부분은 대부분 비슷하다. 이제 정성적인 부분이 중요해지고 있다"고 말했다.

우리나라 대학을 포함한 세계 대학 평가로는 QSQuacquarelli Symonds 세계 대학 평가, THEThe Times Higher Education 세계 대학 평

---

15 "우후죽순 '언론사 대학 순위 평가'", KBS 뉴스, 2013년 6월 16일.

가, 중국 상하이자오퉁대학上海交通大學의 세계 대학 평가 등이 있다. 세계 대학 평가는 우리나라 대학들을 우물 안 개구리 식 경쟁에서 글로벌 무대로 한 차원 높이는 데 공헌했다고 한다. 하지만 영국에 있는 평가 기관이다보니 서구권 국가가 높은 점수를 받기 쉽다는 한계가 있음을 지적받기도 한다. 글로벌 기업의 국제적 평판도와 국제적 논문 수(웹오브사이언스[16], 엘스비어[17] 등에서 발표)가 평가 지표에서 중요한데 영어권 나라가 절대적으로 유리하다는 것이다. 따라서 대학마다 국제적 평판도를 높이기 위해 해당 기관이나 저널 등에 막대한 광고비를 지출하는 등 과다 출혈을 하는 폐해가 있다. 상하이자오퉁대학 평가는 연구 데이터와 수상 실적 등을 지표로 삼아 객관적이라고는 하지만 과학 쪽에 치우쳐 있다는 평을 듣는다.

국내 대학 평가나 세계 대학 평가에 대한 장점과 한계점이 노출되면서 논쟁은 끊이지 않고 있다. 그럼에도 평가에서 좋은 결과를 받은 경우 대학에 유리한 평가 결과를 내세워 광고 또는 교내 언론, 동문 회보, 홈페이지 등에 대대적으로 알린다. 그 영향력을 무시하지 못하기 때문이다. 이러한 결과들이 홍보 차원이 아니라

---

16 ISI(Institute for Scientific Informations)가 제공하는 인용 색인 데이터베이스인 SCIE(Science Citation Index Expanded), SSCI(Social Sciences Citation Index), A & HCI(Art & Humanities Citation Index)를 웹에서 동시에 검색할 수 있는 웹데이터베이스(위키백과 참고).

17 엘스비어(Elsevier)는 네덜란드 암스테르담을 기반으로 하는 430년 된 국제적 출판사로, 의학 및 과학 분야에서 세계 최대 규모다(korea.elsevier.com).

89

수년간 쌓아온 대학들의 노력에 의한 것임에도 홍보팀은 결과에 따라 일희일비하기 쉽다.

모든 대학들이 높은 순위에 오를 수는 없다. 그렇다고 홍보팀은 의기소침해하고 말 것인가. 더 이상 이야깃거리가 없는 것일까? 물론 그렇지 않다. 대학은 고유의 역할인 '인재 양성', '학문 연구'의 기능을 가지고 있다. 이 모든 것들이 사람에 의해서 이루어진다. 즉, 사람의 이야기human story라는 훌륭한 소재가 있다. 독자들도 이야기를 가장 좋아한다. 대학의 순위가 홍보맨 실력의 순위가 아니라는 것을 꼭 기억하길 바란다. 대학이 아름다운 것은 도전하는 사람들이 있기 때문이다.

대학 평가의 현재

중앙일보 대학 평가*

≪중앙일보≫는 전국 100여 개 4년제 대학에 대한 다각도 평가와 조사를 통해 학생과 학부모에게 실질적인 도움이 되고 대학 사회 발전에 기여하고자 대학 평가를 실시한다. 이를 위해 대학의 교육 여건, 교수 연구, 국제화, 평판도를 측정한 순위를 공개 중이다. 대학 종합 평가는 종합순위와 함께 교육 여건, 교수 연구, 국제화, 평판 및 사회 진출도 등 부문별 순위도 공개한다. 세부 지표는 모두 30여 개다. 대학의 간판보다는 현재의 실력과 교육, 연구, 여건 등에 주목하겠다는 것이 취지다.

평가에 앞서 설명회를 개최해 평가 지표와 계산 방식을 공개한다. 지표 산출은 한국대학교육협의회의 '대학정보 공시', 한국연구재단의 '한국연구업적통합정보(KRI)' 등의 자료를 활용한다. 외부 기관을 통해 얻은 자료는 대학에 보내 다시 검증한다. 논문, 연구비, 지적재산권 등 교수 연구 부문에 가장 많은 33.3퍼센트(2013년)의 비중을 부여한다. 연구의 질을 중시하는 흐름을 반영하기 위해 2011년 이후부터는 영향력이 높은 학술지에 실린 논문에 가중치를 준다. 2012년부터는 인문사회, 자연과학, 공학, 의학, 예체능 등 계열별 특성을 반영한다. 설문조사 등으로 조사하는 '평판도'는 16.7퍼센트(2013년)로 비중을 두고 있다. 이와 같은 지표의 비중은 자문교수단(전국기획처

장협의회 추천, 2008~2011년)의 권고에 따른 것이다. 2013년도 종합평가 지표는 31개로 300점 만점이다. 크게 교육 여건(90), 국제화(50), 교수 연구(100), 평판 및 사회 진출(60) 분야로 세분화되어 있다.

The QS World University Rankings[**]

1994년 시작된 세계적으로 가장 권위 있는 영국의 세계 대학 평가 기관이다. 2004년부터 미국 시사주간지 ≪US 뉴스 앤드 월드 리포트≫를 통해 평가 결과를 발표했다. 이 외 프랑스 시사주간지 ≪르 누벨 옵세르바퇴르≫, 독일의 경제지 ≪한델스브라트≫ 등을 통해 세계 대학 평가를 발표했다. 우리나라에서는 2009년부터 ≪조선일보≫와 QS아시아 대학 평가를 시작했다.

QS는 2,000가지가 넘는 항목을 고려해 700개 대학을 평가하고 상위 400위를 발표하며, 평가 대상 기관 수를 늘리고 세부 사항을 깊이 있게 다루려고 한다. 2013년 기준 세계 대학 평가는 크게 5개 지표로 이루어진다. 전 세계 설문조사를 통한 학계 평판도(40%), 졸업생 평판도(10%), 교수 1인당 피인용 지수(20%), 교수 대 학생 비율(20%), 외국인 학생 비율(5%), 외국인 교수 비율(5%)이다. 아시아 지역 대학과 라틴아메리카 지역 대학만을 따로 평가하기도 하는데 조금씩 지표가 다르다.

[*] ≪중앙일보≫ 대학 평가 홈페이지 참고(univ.joongang.co.kr).

[**] The QS World University Rankings(www.iu.qs.com) 참고.

11 휴먼 스토리로 승부하라

"폐지 줍는 노인 언덕길 고생 안타까워 브레이크 달린 리어카 만든 대학생들"

흔히 말하는 '신문 사회면 톱'이 된 기사 제목이다. 제목이 모든 걸 말해준다. 사람의 이야기다. 그것도 따뜻한 사람의 이야기다. 이를 언론에선 '휴먼 스토리'라고 말한다.

신문이나 온라인 뉴스를 보면 알겠지만, 뉴스에는 선정적인 기사들이 많다. 주목도가 높기 때문이다. 구경이라고 하면 역시 불구경, 물구경, 싸움구경인데, 이것들은 사람들의 눈살을 찌푸리게 하면서도 시선을 끈다. 이런 이유로 언론도 자주 각종 갈등과 사고 기사를 톱으로 다룬다(중요한 것도 물론 있다). 하지만 언론사라고 부정적인 것만을 좋아하겠는가. 단지 여러 사람이 많이 보기 때문에 그러는 것이다. 이러한 이유로 기자들의 마음속에는 항상

'좋은 기사'를 찾으려는 기자 정신이 있다.

한 기자는 "휴먼 스토리 좋죠. 하지만 찾기가 쉽지 않고요. 찾아도 큰 사고라도 터지면 역시 까이죠(우선순위에서 밀린다)"라며, 어려운 환경이지만 '희망적인' 기사에 대한 갈망과 아쉬움을 표시한다. 사회면 톱으로 쓸 만한 아이템을 제보하는 것은 기자 입장에서도 취재원에게 큰 고마움을 느끼는 대목이다. 하루에 보도될 기사의 양은 정해져 있다. 어느 날은 기사를 써도 못 나가는 경우가 있다. 지면을 두고 서로 경쟁하는 것이다. 그런데 홍보맨이 쥐어준 기사로 톱을 잡았다면, 그 어떤 것보다 감동적인 선물을 기자에게 준 것이 된다.

어느 날 S기자에게 연락이 왔다. "위에서 휴먼 스토리를 만들라고 했는데, 정보가 많다고 해서 전화했습니다." 이 기자는 학교까지 찾아오는 수고로움을 마다하지 않고 취재해 갔다. 이렇듯 언론사들은 따뜻하고 감동적이며 교훈까지 줄 수 있는 이야기를 좋아한다. 이게 바로 대학 홍보맨의 힘이자 무기다. 지금까지 대학의 서열이나 예산 부족, 상사의 무관심 등을 핑계로 언론보도에 힘을 받지 못했다면, 휴먼 스토리는 이를 깰 수 있는 가장 기본적이면서도 중요한 소재다.

대학은 교육을 목적으로 모인 사람들의 집단이다. 이야기가 왜 없겠는가. 언론 담당자인 여러분이 스스로 이러한 이야기를 발굴해서 취재하고 보도자료를 배포해 기자에게 정보를 전달하고 (이때가 기자와 파트너가 되는 시점이다), 다음 날 여유롭게 여러분이 발굴한 기사를 신문을 통해 받아 보는 것이다. 이 쾌감은 홍보맨만이 느낄 수 있는 소박한 행복이다. 자신의 이름이 어디에도 나오지 않지만 고생했다는 말 한마디를 들으면, 홍보 전문위원인 C선배의 말대로 '그날 할 일은 다 했다'고 보면 된다.

그렇다면 이러한 이야깃거리는 어떻게 찾을까? 감나무 밑에서 입을 벌리고 있다고 해서 절대 감이 떨어지지 않는다. 휴먼 스토리는 말 그대로 사람에게서 나온다. 사람을 만나야 한다.

대학의 구성원은 기본적으로 학생, 교수, 직원이다. 좀 더 확대하면 동문, 학부모이고 시야를 넓히면 학교 주변 상인, 학교와 관계를 맺고 있는 다양한 기관이나 기업 담당자까지 포함시킬 수 있다. 만나야 할 사람들이 넘쳐난다.

학생들과 친해져라

홍보팀의 경우는 대부분 좋은 일로 학생들을 만난다. 예를 들어 학생들이 외부 활동이나 대회에서 '상'을 받아 오거나 '칭찬받을 만한 일을 하면' 홍보팀이 제일 먼저 나선다. 그것을 다시 집중적으로 조사하여 대내외에 알리기 위해서다. 이렇듯 홍보팀은 주로 학생들의 긍정적인 측면을 보게 되고 자연스럽게 학생들에 대한 좋은 이미지를 갖게 된다. 하지만 여기에 머물러서는 안 된다. 학생들을 찾아 나서고 더 가까워져야 한다. 표면적으로 드러난 학생들뿐만 아니라 보이지 않는 곳에서 묵묵히 자신의 일에 몰두하고 있는 학생들도 있기 때문이다. 바로 이것이 휴먼 스토리의 시작이다. 학생들과 친해지다보면 봉사활동, 학생 행사, 특이 학생의 입학 및 졸업, 대학생 트렌드, 외국인 학생들의 한국 생활 등 무궁무진한 이야기가 쏟아져 나온다. 때로는 소소한 이야기이지만 기자들에게는 아주 달콤한 영양제가 된다.

교수들과 친해져라

교수와 관련된 내용은 신문 1면, 방송뉴스, 잡지 표지 등에 기사화될 수도 있는 가장 막강한 소재다. 세계적인 연구 성과로 권위 있는 학술지에 논문이 표지에 게재됐거나 해외 언론에 소개된 경우가 그렇다.

이런 연구와 관련한 내용은 전문 지식이기 때문에 기자회견 등을 통해 교수와 기자를 직접 연결시켜주는 것이 가장 좋다. 홍보 감각이 있는 교수라면 스스로 움직이겠지만, 학구파라면 그냥 넘어갈 수 있다. 연구력은 대학의 고유한 영역으로, 학교 이미지를 부각시키는 데 가장 비중 있는 역할을 한다. 교수들을 알고 지내면서 기사가 될 만한 연구 관련 뉴스를 발굴하는 것이 중요하다.

연구가 아니더라도 교수에게는 좋은 이야깃거리가 많다. 교수는 기본적으로 학생을 가르치기 때문에 사제지간의 에피소드가 많다. 또한 보직을 맡기 때문에 행사나 사업을 펼칠 수도 있다.

성균관대학교 한문교육학과 L교수는 제자들을 끔찍이 사랑한다. 이런 이유에서인지 '제1회 대한민국 스승상'도 수상했다.[18] 입학 때의 다짐을 담은 사명패 제작 이야기("성대 새내기 '사명패' 학부모에 선물", 연합뉴스, 2009년 3월 12일), 해외 한글 백일장 이야기("백일장 유학생들, 한국통으로 맹활약할 겁니다", ≪중앙SUNDAY≫, 2012년 5월 13일), 동문과 스승의 이야기 등 수많은 이야기를 만들어냈다.

방송통신대 일본학과 K교수도 제자들과의 정이 애틋하다. KBS 〈다큐멘터리 3일〉 팀에 기획서를 제출해 담당 프로듀서와 작가가 내용을 검토하기 위해 학교를 방문했다. 이때 K교수가 어렵게 공부하는 제자들의 이야기를 하는 도중 눈물을 글썽거려 프로듀서가 결정을 굳히는 데 큰 힘을 발휘했다.

이 외에도 K교수는 다양한 휴먼 스토리를 제보해 많이 기사화됐다. 같은 과를 네 번 졸업한 이야기("방송대 4번 졸업, 5번째 입학한 60대", ≪경향신문≫ 2013년 3월 8일), 택시에서 강의를 들으며 공부한 택시기사 이야기("택시는 움직이는 강의실……만학도 기사의 열정", 연합뉴스, 2013년 6월 13일), 카세트테이프 꾸러미를 여행가방에 들고 다니면서 공부하는 할아버지 이야기 등 대학 홍보에 혁혁한 공을 세웠다.

이렇듯 교수와 함께 이야기를 나누면 기사가 될 내용을 발굴할 수 있다. 대학마다 수백 명의 교수가 있다. 훌륭한 제보자이자 취재원으로서의 관계를 형성하기 위해 노력해야 한다.

---

18 교육과학기술부와 한국교직원공제회가 공동으로 제정한 상으로, 2012년 5월 첫 시상을 했다.

교직원들과 친해져라

교직원들은 캠퍼스에서 학생들과 함께 어울리며 일을 한다. 앞서 말한 교수, 학생 들과 일선에서 접하기 때문에 행정 서비스 업무와 동시에 개인적인 친분도 있어 정보가 많다. 특히 오랜 경력을 가진 선배 교직원들은 교수, 학생 들과의 친분뿐만 아니라 동문회와 연결되는 경우가 많아 감동적인 소재를 제공하는 좋은 취재원이 된다.

교직원들의 이야기 자체도 기사가 될 수 있다. 방송통신대에서의 일이다. 어느 날 노란 조끼를 입은 교직원들이 각자 쓰지 않는 물건을 가져와 바자회를 열었다. 10여 년간 어려운 청소년을 도와온 '사랑나눔회'라는 봉사 단체였으며, 정기적인 후원금을 기본으로 바자회나 특별 모금 등을 통해 자금을 마련했다. 그간 3억 원 가까이 모금해 지원하고 있었다. 이 아이템은 언젠가 꼭 기사가 되리라는 생각이 들었다. 하지만 모든 기사는 타이밍이 맞아야 하기 때문에 기회를 기다렸다.

그렇게 2년이 지난 연말, 일명 '미담의 여왕'으로 불리는 C일보 L기자가 관할 출입기자로 배치받았다며 연락이 왔다. 둘이 아이템을 고민하다가 슬쩍 훈훈한 '사랑나눔회' 활동에 대해 소개했다. '촉(기사가 될 것인지 아닌지를 판단하는 순간적인 느낌)'이 살아 있는 L기자는 연말에 무슨 활동을 했냐고 묻는다. 바로 M회장에게 전화를 걸어 물어보자 봉사 단체답게 어려운 청소년과 함께 교내 공연을 관람했다고 한다. L기자는 고개를 끄덕이더니 '특별한 송년회'라며

타이밍 기사를 만들었다("술잔 대신 연탄·쌀 나누는 '특별한 송년회'", ≪조선
일보≫, 2013년 12월 30일).

이 외 교직원이 장학금을 모금했다거나 최근 직업으로 교직원
의 인기가 하늘을 찔러 높은 경쟁률을 보인다는 기사도 눈에 띈다.
가장 가까운 동료들이 기사의 소재가 될 수도 있는 것이다("덜 먹고
덜 쓰고…… 즐거운 내핍耐乏 기부 나선 교직원들", ≪조선일보≫, 2013년 11월 14
일. "교수야 교직원이야? …… 고스펙 인재 교직원 몰려", ≪이데일리≫, 2012년 11
월 22일).

동문들과 친해져라

동문들은 학교를 떠났기 때문에 사실 홍보 담당자의 소관은
아니다. 언론에 소개된 동문들은 인터뷰 끝에 출신 학교가 소개되
는 정도에 그치는 것이 대부분이기 때문에 비중 있는 기사로 보기
힘들다. 그럼에도 동문들 중에 학교에 대한 애정으로 학과, 동아
리, 학회, 교내 언론사 등의 동문회에서 활발히 활동하는 경우가
있다. 이럴 때 놓쳐서는 안 되는 게 있다. 바로 ○○주년 행사다.
대부분 10주년 단위의 행사나 같은 숫자가 반복되는 22주년, 33주
년 등도 좋다. 이런 경우 작은 모임을 가지기도 하지만 보통 후배
들을 위해 장학금을 내놓거나 각종 행사로 의의를 다진다. 눈여겨
보면 좋은 소재는 계속 나온다.

듣고, 찾고, 만나라. 그러면 주목도가 높고 감동적인 이야기들
이 살아 움직여 여러분이 속한 대학을 빛내줄 것이다.

독자 입장의 보도자료는 필수

서경덕 ‖ 성신여자대학교 교수

대한민국 홍보 전문가란?

대한민국 문화와 역사가 세계에 많이 알려지지 않았다는 아쉬움에 세계에 알려보자고 시작했는데 어느새 대한민국 홍보 전문가가 되었다. 학생 때 처음 시작했기 때문에 전도사, 운동가 이런 식으로 불렸는데, 10년이 넘도록 꾸준히 해오니 언론에서 '대한민국 홍보 전문가'라고 부르기 시작한 것이다.

보도자료 작성 노하우는?

객관적인 사실을 쉽게 전달하는 게 가장 중요하다고 본다. 그런데 대부분의 보도자료에는 수식어가 지나치게 많다. 독자들은 많은 글을 원하지 않는다. 군더더기 없는 사실을 쉽게 전달하는 것이 홍보다. 경제, 예술, IT 등 전문 분야에는 각각 어려운 용어가 있는데 대중들이 쓰는 쉬운 용어로 풀어 전달해야 한다.

아이디어 발상은 어떻게 하나?

해외를 많이 다니고 직접 뛰어다니면서 아이디어를 구한다. 최근 진행 중인 프로젝트는 해외 미술관이나 박물관에 한국어 안내 서비스를 하도록 요청하는 일이다. 이 일을 하게 된 가장 큰 이유는 해외 유명 관광지에 한국어 안내가 없는 것을 직접 봤기 때문이다. 8년 전 뉴욕에서 독도 광고를 한 이유도 《뉴욕타임스》의 힘을 현장에서 느꼈기 때문이다. 아이디어는 현장에 있다.

인맥 관리 노하우는?

따로 관리하지는 않지만 어느새 다양한 분야와 여러 계층의 사람들과 인연을 맺고 있다. 모두가 원하는 것을 얘기하고 싶어 하고 자기 기준에서 보고 싶어 한다. 많은 사람들의 이야기를 잘 듣고 이끌어 내다 보니 자연스럽게 신뢰가 쌓이는 것 같다.

모금 방법은?

예전에 제일 힘든 게 모금이었다. 누가 대학생을 믿고 돈을 대주겠나. 그래서 내 돈을 직접 들여 대한민국을 홍보했다. 모금할 때 남의 돈만 가져오는 게 아니라 내 돈도 써야 한다. 독도 광고도 처음에는 내 돈으로 했다. 이 사실을 알고 가수 김장훈 씨가 독도 광고에 적극 참여하게 된 것이다.

지금도 강연료를 모아 광고를 하고 있다. 이런 이유로 정부, 기관, 유명인사들이 도와준다고 생각한다. 모금을 할 때 다른 사람의 돈만 끌어오는 것이 아니라 자기 돈도 들어갈 때 그 돈의 소중함을 느끼고 공감대를 형성할 수 있다.

해외 언론 보도자료 배포 방법은?

우리가 생각하는 영어와 외국에서 쓰는 영어는 단어 자체가 다르다. 아무리 우리나라에서 보도자료 작성 경험이 많더라도 우리 식대로 밀어붙일 수 없다. 나라마다 언론 문화가 다르기 때문이다. 다른 나라의 문화를 존중할 때 우리 문화가 존중받는다. 해외 현장을 존중하고 따라야 한다. 그들에게는 그들만의 매뉴얼이 있다. 해외에 보도자료를 뿌릴 때는 외국의 기자 등 언론계에 있는 사람의 조언을 챙겨 듣는다.

우리나라 대학 홍보를 어떻게 보나?

신입생과 학부모 대상으로 한 입시 홍보가 지나치게 많다. 대학에서도 사회 공헌이 중요하다고 본다. 유럽의 여러 유명 대학은 도서관을 개방해 지역 주민들이 언제든지 세미나를 열고, 책을 보면서 함께 토론한다. 이렇게 주변 대학과 친근하게 지내다보니 그 지역 출신 인재들이 다른 대학에 가지 않고 자신의 지역 대학에 간다고 한다. 어렸을 때부터 지역 대학에서 많은 것을 받아왔기 때문이다. 우리 대학들도 인재를 끌어오기 위한 노력뿐 아니라 이처럼 지역 친화적이면서 사회 공헌적인 측면이 강화돼야 한다.

12 종합일간지 1면 톱기사 만들기

"이번에 '신중년'이라는 특집 기획을 준비합니다. 6075세대(60
세에서 75세의 나이)인 분들과 2030세대가 함께 어우러진 사진기사가
필요한데요. 내일 찍을 수 있을까요?"

바쁜 와중이라 갑작스러운 K기자의 요청에 부담스러웠지만
일단 수락했다. 기자가 부탁할 때 대응을 잘할 경우 웬만하면 기
사가 잘 나간다는 것을 알기 때문이었다.

"알았어요. 우리 학교에는 스터디 그룹이 많으니 찾아볼게요."

방송통신대에 다양한 연령층의 학생들이 함께 공부하고 있다
는 특성을 계속해서 알려오던 터라 기자가 원하는 모습은 흔히 찾
아볼 수 있는 그림이었다. 하지만 중요한 건 기자가 원하는 시간
에 원하는 사람들이 모여 있어야 한다는 점이다. 다음 날 오후 3시
경이라는 대낮에 갑자기 여러 명을 한자리에 모이게 하는 건 쉬운

일이 아니었다. 이곳저곳에 수소문했지만 각자 가능한 시간대가 통일되지 않았다.

그렇게 몇 시간을 보냈다. 그러다가 도서관에서 항상 공부하고 있는 한 어르신이 떠올랐다. 학교에 자주 오는 분이니 일부러 학교에 오라고 하지 않아도 되고 비슷한 상황에서 함께 공부하는 분들이 있을 거라는 예상에서였다. 아니나 다를까. 만학의 열기 속에서 조용히 공부하고 있는 백발의 노장들이 눈에 띄었다. 어르신께 고민을 털어놓았다. 그랬더니 일사천리로 사람들을 섭외하기 시작했다. 마침 함께 공부하는 그룹이 있었다. 사진 찍는 걸 부담스러워하는 학우들도 있었고, 콘셉트에 맞지 않는 경우도 있었다. 정리하니 7명이 섭외되었다.

"섭외 완료했으니 내일 3시에 봅시다."

다음 날 도서관에서 만난 학우들이 함께 공모전을 준비하는 모습을 사진으로 담았다. 가장 어린 학생은 22세, 최고령자는 67세였다. 공익광고 공모전으로 '평생교육 확산'이 주제였다. 신중년 학생들은 교수, 기업 임원, 학원 강사, 수필 작가 등을 역임한 쟁쟁한 분들이었다. 각자의 스토리가 탄탄해 돌아가며 자신들의 이야기를 했다. 사진기자와 취재기자는 이러한 모습을 열심히 찍고 적었다. 분주한 이틀이 지났다.

이제부터 기다리기가 시작되었다. 중간중간에 어르신들의 연락이 오곤 했다. 하지만 특집기획이라 언제 기사가 나갈지는 담당 기자도 확신하지 못했다. 당시는 국정원 사건 관련 기사가 매일

쏟아지던 터라 더욱 모호한 상태였다.

"어르신들을 어렵게 섭외한 거라 꼭 기사가 나가야 합니다. 사진이 킬되면 저는 정말 입장이 곤란해요"라며 기자에게 읍소했다.

"언제 어느 면에 나갈지는 모르지만 꼭 나갈 겁니다. 어렵게 촬영한 것을 보고했으니 참작이 될 겁니다"라며 기자는 안심을 시켰다. 하지만 기사가 나올 때까지는 걱정하지 않을 수 없었다. 그 와중에도 어르신들의 문자 연락은 계속되었다. 기자와 같은 말을 반복해서 답변할 수밖에 없었다.

그렇게 3주가 흘렀다. 일요일 오후 5시 36분에 문자가 왔다. 가판 사진기사를 캡처한 이미지와 함께 '이렇게 내일 1면에 큼지막하게 사진 들어갑니다'라는 내용이었다. 내심 환호했지만 가판이기 때문에 언제든 큰 사건이 터지면 교체될 수 있는 상황이었다.

다시 기다렸다. 별일 없이 다음 날 새벽 1면 톱으로 사진기사가 멋지게 실렸다("6075와 2030 우린 대학 동기", ≪조선일보≫, 2013년 9월 9일).

꼭 1면 톱기사가 될 수는 없겠지만 새겨볼 만한 중요한 원칙이 있다.

첫째, 기자와 자주 소통해 주요 취재원으로 인식되게 한다.
둘째, 기자에게 필요한 것을 먼저 묻는다.
셋째, 기자의 요청에 신속하게 대응한다.

간혹 기자들이 집요하게 자료를 요청한다거나 무리하게 상황을 연출해주기를 바라는 경우가 있다. 하지만 입장을 바꿔 생각하면 홍보맨은 항상 기자들에게 도움을 구하고 있다. 기자의 가려운 데를 긁어주면 관계 유지뿐만 아니라 좋은 지면에 멋지게 기사가 나갈 수 있다. 1면 톱으로 기사가 나가는데 이 정도는 해야 하지 않을까.

13 모바일 뉴스 앱 톱기사 만들기

방송통신대에는 다양한 구성원들이 있다. 가족이나 지인이 함께 입학하기도 하고, 90세가 넘는 분, 초등학교를 갓 졸업한 후 검정고시를 연달아 합격해 14세에 입학하기도 한다. 여러 학과를 졸업한 사람들도 많다. 이러한 소재들이 많아 학교 출판부에서 이야기를 묶어 책을 내기도 했다. 다양하고 특이한 이들의 대학 생활 이야기는 그만큼 화제가 되어 기사화되기 쉽다. 다만 언제 어떻게 다루어지느냐에 따라 사회면 톱이 될 수도 있고, 인물면에 작게 나갈 수도 있다. 또한 여러 가지 상황이 맞는다면 요즘 뉴스를 가장 많이 접하는 통로 중 하나인 스마트폰의 '네이버 앱' 첫 화면에 뜰 수도 있다.

충남 서산의 6070세대 할머니 여섯 분이 문화교양학과에 다닌다는 사실을 알게 되었다. 어르신들이 노익장을 과시하며 함께 공부하는 모습도 정겨운데 오프라인 수업[19] 기간인 한 학기에 2~3일은 지역대학 캠퍼스 주변의 여관에서 함께 숙식을 하며 출석한다는 것이다. 제보를 받는 순간 다른 할머니들이 그렇듯 옥신각신하면서도 서로 의지하는 모습이 자연스레 상상이 되었다. 홍보맨의 '촉'으로 이는 분명히 큰 기사가 될 거라고 예감했다. 하지만 이 사실을 안 때는 졸업과 입학이 맞물린 시즌이어서, 이미 여러 언론사에 방송통신대의 이야기로 충분히 잔치를 치른 후였다. 조금 기다리기로 했다. 기회가 닿는 대로 직접 할머니들을 만나 취재해 다큐멘터리용 기획서 및 콘티를 만들 생각이었다. 하지만 지방 출장을 가야 하는 상황이라 시간이 쉽게 나지 않았다. 그러다가 한 방송국에서 소재 발굴을 위한 연락이 와 연결을 해주었는데, 당시에 접촉하던 취재원 할머니 한 분이 교통사고로 다리를 크게 다쳐서 병원에 입원해 무산되었다. 그 이후에도 몇 차례 다른 방송국과 취재 시도를 했지만 쉽지 않았다. 역시 직접 취재한 기획서가 있어야 방송이 성사될 거라는 생각이 들었다.

할머니들이 4학년이라 곧 졸업하기 때문에 서둘러야 했다. 더구나 다큐멘터리로 찍으려면 가장 흥미진진한 모습인 10월의 오프라인 수업을 담아야 했다. 하지만 결국 이 시기를 놓치고 11월

---

19 방송통신대는 원격대학이라 온라인 수업은 PC와 모바일 기기로 듣고, 오프라인 수업은 학생이 속한 전국의 지역대학 캠퍼스에서 듣는다. 각 캠퍼스는 강의실, 도서관, 스터디룸, 행정실 등을 갖추고 있다.

에야 취재를 했다. 취재를 위해 만남을 시도했더니 여섯 분의 할머니들은 모두 할 말이 없다며 취재 장소에 꼭 가야 되냐고 되물었다. 대전·충남 지역대학 J선배의 도움으로 간신히 섭외를 했다. 마지막까지 연락이 안 된 한 분을 빼고 다섯 분이 모였다. 예상했듯이 할머니들은 어려운 시기에 공부의 기회를 놓쳐 각자 한을 품고 있었다. 인터뷰할 때 과거를 회상하며 눈물을 흘리기도 하고, 함께 공부하면서 서로 좋았던 일, 서운했던 일을 이야기하며 재미있는 수다가 이어졌다. 긴 시간의 인터뷰를 마치고 사진을 찍었다. 최대한 여대생 느낌이 나게 하기 위해 책을 들게도 하고, 손으로 턱을 괴게 하는 등 다양하게 연출했다.

취재를 마치고 서울로 돌아왔다. 취재한 내용을 정리해 보니 방송물로 만들기에는 문제가 있었다. 여섯 분의 할머니들이 각자 생활이 있어 떨어져 지내다가 오프라인 수업과 시험기간에만 모였다. 다큐멘터리를 찍으려면 동선을 바탕으로 콘티를 짜야 하는데 함께 있지 않으니 찍을 '그림'이 부족했다. 고민스러웠다. 기사화될 확신을 갖고 지방 출장까지 다녀왔는데 성과가 없다면 홍보맨의 자존심에도 문제가 생길 판이었다. 계획을 수정했다. 신문기사로 먼저 기사화시키기로 했다. 방송국 관계자들도 신문, 잡지 등의 기사를 통해 소재를 발굴하기 때문이다. 물론 신문기사라고 해서 내 맘대로 되진 않지만 방송물처럼 긴 호흡이 필요하지 않아 상대적으로 기사화되기 쉽다고 판단했다. 하지만 일간지 기자들의 반응은 냉랭했다. 일명 '야마'가 잘 잡히지 않는다는 이유였다.

어느새 12월에 접어들었다. 조금만 더 지나면 아무 데도 쓸모없는 아이템이 되어버릴 수 있어 노심초사했다. 다시 심혈을 가다듬었다. 전략을 수정했다.

처음 보도자료의 핵심인 '함께 공부하는 할머니들의 에피소드 모음'에서 '함께 공부하는 꽃할매 6인방의 마지막 기말고사'로 바꿨다. 당시 케이블 채널 tvN에서 방영하는 〈꽃보다 할배〉라는 프로그램이 높은 시청률을 보이고 있어 그것을 응용했다. 시기도 기말고사 시즌이라 '타이밍 기사'로 잡았다. 보도 타깃 매체도 일간지에서 통신사로 바꿨다. 고생하며 찍은 사진이라도 사진기사로 나갔으면 하는 마음에서였다. Y통신사 L기자를 만나서 보도자료를 전달한 날은 금요일이었다. 주말 동안 기사를 작성해 월요일 자 아침에 기사가 나왔다. 그것도 네이버 앱에 사진을 포함한 기사가 톱기사(첫 화면에 노출)가 된 것이다. 신문 1면 기사보다도 더 많은 독자들에게 노출되기 때문에 일명 '대박'이 터진 것이다. 5시간 동안 톱으로 노출되었다. 댓글은 160여 개가 달렸다. 다른 매체들도 보도자료를 요청해 지면으로도 노출되었다("서산 '꽃할매'들의 4학년 2학기 기말고사", 연합뉴스, 2013년 12월 16일; "'서산 꽃할매' 6인, 마지막 기말고사 치르고 학사모 '눈앞'", 《문화일보》, 2013년 12월 16일; "할머니 여대생 6인방 '함께 졸업 못해 아쉬워요'", 《한국일보》, 2013년 12월 17일).

이렇게 네이버 앱에 톱기사가 된 데는 여러 가지 이유가 있다. 짐작이지만, 기사가 된 이후 분석해보면 이렇다. 가장 큰 이유는 '운'이다. 무엇보다 기사가 보도된 날 큰 사건 사고가 상대적으로 적었다. 두 번째는 '타이밍'이다. 흔히 대학에서 나올 수 있는 기말고사 이야기지만 특이한 사례라 호감도를 높였다. 그리고 기자들 입장에서 미담 사례는 일요일에 쓰기가 좋다. 일요일에는 아이템을 찾기가 쉽지 않기 때문이다. 보도자료 전달 타이밍도 좋았다. 보도자료를 줄 때 급하지 않다면 기자에게 일요일에 활용해보라고 권하면 배려를 받은 느낌이라 좋아한다. 세 번째는 좋은 콘텐츠의 섹시한 '네이밍'의 힘이다. 트렌드에 맞춰 '꽃할매'라는 용어를 썼다. 이러한 생리를 잘 활용하면 모바일 앱 뉴스 톱을 노려볼 수 있다.

서산 꽃할매 6인방 여대생의 마지막 기말고사

평균 나이 66세! 충남 서산에는 특별한 대학생이 있다. 방송통신대 문화교양학과에 재학 중인 6명의 60~70대 할머니 여대생 김낙금 (75), 박주순(64), 서순희(65), 문산월(66), 이영월(64), 이효숙(63) 씨 가 그 주인공이다.

비록 긴 머리 대신 할머니의 상징 '짧은 파마머리'와 멋진 선글라스 대신 '돋보기안경'이 더 어울리는 나이지만 어엿이 대학 졸업을 준비 하는 4학년이다. 학교가 없어져서, 먹고살기 바빠서, 어린 나이에 하 게 된 결혼과 출산, 육아 등 저마다의 이유로 젊은 시절 공부를 계속 할 수 없었다. 늦게나마 60대 할머니가 돼서야 서산시에 있는 서령 중·고등학교에서 운영한 검정고시반과 검정고시학원에서 같이 공 부했다.

수십 년간 동네 이웃으로 알고 지낸 사이부터 같이 검정고시를 준비 하면서 알게 된 경우까지 6명이 서로를 도와가며 2009년 고등학교 졸업 검정고시 합격증을 손에 쥐었다.

할머니들은 이에 그치지 않고 대학 입학이라는 새로운 도전을 했다. 교사로 재직 중인 맏언니 김낙금 씨의 딸이 방송통신대 문화교양학 과 진학을 권유했다. 김 씨는 딸의 응원과 입학 권유에 용기를 냈다. 대학이라는 곳은 어떤 곳인지, 무엇을 배우는지 알고 싶었다. 무엇 보다 기왕 시작한 공부, 고졸에서 멈추기에는 너무 아쉬워 다섯 동

112

생들과 함께 서산시 학습관에 찾아가 진학 상담을 받았다.

처음에는 선뜻 대학 진학을 망설이던 할머니들도 같이 공부할 수 있는 친구들이 있다는 생각에 용기를 내 함께 문화교양학과 2010년 신입생으로 입학했다. 이영월 씨는 "건강이 좋지 않은 남편의 병간호에 바빠 대학 진학까지는 생각하지 않았다"며 "같이 검정고시를 준비한 언니, 동생들이 다 대학을 간다는데 혼자만 빠진다니 아쉽고 섭섭했다. 함께 공부하지 않았다면 대학 공부의 즐거움을 모르고 큰 후회를 할 뻔했다"고 했다.

뒤늦게 시작한 공부는 쉽지 않았다. 처음 만져본 컴퓨터는 생소하기만 했다. 서순희 씨는 "대학 입학 기념으로 아들이 컴퓨터를 마련해 줬지만, 사용법을 몰라 답답했다. 당시 시장에서 장사를 하고 있었는데 교복을 입은 어린 학생들이 지나갈 때마다 붙잡고 사용법을 배웠다"고 말했다.

여섯 할머니는 '서유럽 문화기행', '미술의 이해' 같은 과목에서 나오는 나라 이름이나 박물관, 미술관 이름도 어려운 외래어로 돼 있어 가장 어려운 과목이라고 입을 모았다.

이런 어려움에도 불구하고 할머니들의 학구열은 누구보다 높다. 출석수업이 있는 날은 지역대학이 있는 대전까지 원정수업을 들으러 가 2박 3일 동안 숙박하며 공부했다. 개인택시를 하는 막내 이효숙 씨 남편의 차량을 대절하거나 버스를 타고 대전 지역 대학 근처 숙박업소를 빌려 같이 지냈다. 덕분에 숙박업소 단골이 되고 유명인사가 됐다.

병상에서도 학업을 멈출 수는 없었다. 이영월 씨는 지난해 11월 미국으로 이민 가서 살고 있는 동생 부부를 만나러 다녀오는 길에 끔찍한 교통사고를 당했다. 8년 전 이식한 무릎 인공관절이 'ㄴ'자로 꺾이고 인대가 파열된 것이다. 교통사고로 8개월 동안 병원에 꼼짝없이 누워 있었다. 침상에서 한 발짝도 움직일 수 없었지만 공부를 계속했다. 병간호하는 아들이 날라다 준 교재와 노트북, 스마트폰으로 병원 침대에 달려 있는 밥상을 책상으로 이용해 공부했다. 일반 시험장에 갈 수 없는 상황이었지만 서산시 학습관 교직원의 도움으로 홍성 청운대에 마련된 특별 시험장에서 3학년 2학기 기말고사를 치렀다.

그 결과 그 학기 모든 과목을 이수하고 최고 92점의 높은 점수를 얻기도 했다. 현재도 후유증으로 거동하는 데 불편하지만 휴학하지 않고 공부를 계속하고 있다.

문산월 씨는 "2006년 남편과 사별 후 찾아온 우울함과 허전함을 잊게 해준 것이 함께 공부한 친구들 덕분"이라고 전했다. 함께 공부하며 대학에 진학하지 않았다면 힘든 시기를 견딜 수 없었다는 것이다. 문 씨는 누구보다 즐겁게 공부하고 있다.

할머니들은 지난 15일 4학년 2학기 기말고사를 치렀다. 목표는 '함께 졸업'하는 것이지만 이루지는 못했다. 학업 성취도가 조금씩 달라 졸업을 앞둔 4학년이지만 조금 더 학교를 다녀야 하는 경우도 있다. 모두 함께 홍성으로 시험을 보러 가는 것은 이번이 마지막이었지만 완전한 끝은 아니다. 박주순 씨는 "문화교양학과에 들어와서 대학생이 알아야 할 사회, 문화적 지식을 쌓았다"며 "졸업 후 건강이 허락하는 한에서 계속 공부하고 싶다"고 전했다.

방송통신대 보도자료(2013년 12월 16일)

14 지상파 다큐멘터리 방송 타기

휴먼 스토리의 결정판은 다큐멘터리다. 신문, 잡지에 인터뷰를 통해 글로 나갈 수 있지만 생생한 현장 목소리를 담은 영상의 파급 효과는 엄청나다. 이런 방송물 중 대학과 기관(기업)이 가장 출연하고 싶어 하는 프로그램 중 하나는 KBS 〈다큐멘터리 3일〉이다. 72시간 동안 특정 공간에서 벌어지는 일을 그대로 담아 노출이 많이 돼 홍보에 도움이 되기 때문이다. 긴 호흡으로 특정 사안을 심도 있게 다뤄 시청률 10퍼센트 대를 유지하면서 마니아층을 확보하고 있기도 하다.

홍보 업무를 하며 이뤄낸 가장 큰 쾌거 중 하나는 방송통신대를 KBS 〈다큐멘터리 3일〉에 방영되게 한 것이다. 혼자만의 힘이 아닌 조직이 똘똘 뭉쳐 성사시킨 것이지만, 방송 이후 어떻게 출연하게 됐는지 궁금해하는 이들이 있어 과정을 밝혀보려고 한다.

다른 조직이 같은 방법을 쓴다고 꼭 성사되리란 법은 없지만 참고가 되었으면 해 그 시도 방법을 소개한다.

두 번의 실패

방송통신대는 원격대학이지만 한 학기에 3일 정도 캠퍼스에 출석해 수업을 들어야 한다. 다양한 연령대의 학생들이 각자의 치열한 삶 속에서 짬을 내 공부하는 모습이 감동적이다. 이 모습을 보여주고 싶었다.

첫 시도는 〈다큐멘터리 3일〉 홈페이지에서 프로그램을 소개한 방식을 그대로 따라 해 이메일로 제안하고 담당자에게 전화를 걸었다. 전혀 반응이 없었다. 두 번째는 소재 공모전에 도전했다. 마침 소재가 부족했던지 형식이 주어져서 그 양식에 맞춰 제출했다. 또 떨어졌다. 전혀 관심을 끌지 못했다.

제작진의 마음으로 콘티 작성

꼭 성사시키고자 하는 마음으로 부서원들은 똘똘 뭉쳤다. 기획서를 완전히 제작진 입장에서 작성하기로 했다. 크게 시간, 공간, 인간으로 내용을 정리했다.

먼저 녹화에 적합한 최적의 날짜를 알아봤다. 전공과 과목마다 수업 시간이 다르기 때문에 최적의 72시간을 찾아야 했다. 이왕이면 실습 수업이거나 학생들의 모습이 남녀노소, 각양각색의 직업 등 다채로운 것이 좋겠다고 생각했다. 최선과 차선의 두 가지 날짜를 잡았다. 만약 촬영한다면 협조해달라고 교수에게 미리 부탁까지 해놓았다.

다음으로는 촬영 장소를 찾아갔다. 목표 촬영지인 서울 지역 대학 캠퍼스(서울 성수동 지하철 2호선 뚝섬역) 내에서 촬영할 만한 곳들을 물색했다. 학생의 동선을 따라 걸어보았다. 먼저 뚝섬역에서 바라본 학교 풍경이었다. 지하철을 타고 지나갈 때면 늦은 밤에도 건물 내에서 공부하는 학생들의 모습이 아름답게 보였기 때문이다. 특히 도서관과 열람실에는 붙박이 학생들이 많아 그림이 좋았다. 이 외 상담실, 서점, 구내매점, PC실, 강의실, 스터디룸, 휴게실, 강당 등 건물 곳곳을 누볐다.

마지막으로 사람에 관한 정보를 모았다. 우선 교내외 언론에 소개됐던 재학생들의 자료를 찾아보았다. 학과 사무실과 학생회에는 공문을 보내 특이 학생 추천을 부탁했다.

〈다큐멘터리 3일〉은 한 편의 드라마라는 생각을 했다. 드라마에는 주인공이 필요했다. 그래서 주인공이 될 만한 인물을 물색했다. 답은 역시 현장에 있었다. 아침 7시에 가장 먼저 학교에 등교하는 학생, 도서관에서 하루 종일 지내는 학생, 나이 든 학생, 큰 가방을 끌고 다니는 학생, 정장을 입고 허겁지겁 강의실에 들어오는 학생, 스터디 그룹에서 함께 공부하는 학생 등 다양한 사람들을 만날 수 있었다. 3일 동안 정리한 인원은 40여 명. 각자의 프로필과 에피소드 등을 모두 담았다. 그리고 세 가지 구성 요소(시간, 공간, 인간)를 조합해 콘티를 짰다. 기획의도, 최적의 촬영 날짜, 장소(사진 포함) 설명, 인물(이름, 나이, 전공, 특징, 연락처) 등을 일목요연하게 정리했다. 그리고 72시간 동안 학교에서 벌어질 일을 시간대별로 구성했다.

정성을 다하면 보답 받아

어렵게 제작진에게 기획서가 전달됐다. 작가로부터 현장 답사를 해보자는 연락이 왔다. 제작진은 세팅된 방송을 원하는 게 아니라 자연스러움을 추구한다며 기획서는 참고사항일 뿐이라고 했다. 하지만 꼼꼼히 준비된 기획서가 그들의 마음을 움직였고, 현장답사에서 공감대가 형성돼 바로 촬영하기로 결정이 났다("뚝섬대학의 공부벌레들 한국방송통신대", KBS 〈다큐멘터리 3일〉, 2012년 11월 11일 방영).

방송 이후의 파장은 컸다. 방송을 보며 감동을 느꼈다는 댓글도 많이 올라왔고, 홍보 효과가 컸는지 방송통신대에도 입시 지원자가 눈에 띄게 늘었다.

똑같은 상황에서 같은 아이템으로 기획서를 제출한다고 해도 다시 방송될 거라는 확신은 들지 않는다. 하지만 세심한 노력과 정성이 들어가면 무슨 일이든 반드시 좋은 결과가 따라온다고 본다.

아이디어는 본질을 찾아내는 것

정찬필 ∥ KBS 다큐멘터리국 프로듀서

교양 PD란?

드라마, 예능, 교양, 뉴스 PD 등이 있는데 다큐멘터리를 만드는 PD다. 이것도 다양한 장르로 나뉠 수 있는데 나는 저널리즘을 지향한다. PD는 사람들이 모든 것을 경험할 수 없기 때문에 그들을 대신해 세상을 보고 전달한다. PD의 역할은 단순히 현상을 전달하는 게 아니고, 그 이면의 규칙성을 발견해 통찰력을 바탕으로 의미를 해석해 전달해야 한다.

방송을 통해 홍보하려면?

단신으로 많은 양을 소화해야 하는 프로그램이라면 행사성이 강한 것들에 호응할 수 있다. 다큐멘터리는 오히려 일회성 이벤트를 부정적으로 받아들인다. '인위적인 행사네' 하는 순간 생명력을 잃어버린다. 긴 호흡의 홍보맨이라면 자신이 속한 조직이 아주 오랫동안 간직하고 있는 것들을 극적으로 표현할 수 있는 상황이나 사례를 찾아낼 수 있어야 한다. 단순 행사로 홍보하려는 것은 가장 저차원적인 방법이라고 생각한다.

예전에 몇몇 외국계 기업에 대해 부정적인 기사들이 쏟아져 나왔던 시기가 있었다. 기존 국내 기업과 달리 살갑게 언론을 대하지 않았다는 게 이유였다. 그럼에도 그 기업들은 꼼짝도 않고 자신들의 스타일을 유지하다보니 이제 언론도 그들의 방법을 인정하게 됐다. 외국계 기업처럼 그러한 자세를 유지하려면 자신이 속한 조직에 대해 그만큼 자신감이 있어야 한다. 본질적으로 홍보할 게 없는 상태에서 홍보라는 형식만으로 무엇인가를 얻으려고 하는 것은 '불가능에 대한 도전'이다.

최근 기획 중인 '교육혁신'에 관한 프로그램을 만들면서 '가장 좋은 세일즈는 말로 잘 설득하는 게 아니고 좋은 물건을 찾아내는 능력'이라는 생각이 들었다. 그리고 그 능력을 갖고 있으면 그만큼 자신감을 갖게 된다. 언변이나 사교술은 아주 부차적인 것이다. 홍보도 그런 면에서 같은 맥락이다. 먼저 좋은 게 뭔지를 알아보는 능력이 필요하다.

방송통신대를 〈다큐멘터리 3일〉 소재로 삼은 이유는?

방송통신대가 가지고 있는 장점을 잘 부각시켰다. 기존에 가지고 있던 방송통신대의 이미지에 비해 홍보팀의 자신감을 느꼈다. 이로 인해 마음을 완전히 바꿀 수 있었다. 방송통신대 홍보팀이 했던 방법을 전술이라고 하면 최고치를 보여줬다.

아이디어는 어떻게 구하나?

경험에서 구한다. 청소년기에는 방황을 했지만 다행히 덕분에 많은 경험을 했다. 이러한 경험이 오히려 프로그램에 좋은 통찰력을 줬다.

자전거, 보드, 캠핑, 대금 등 다양한 취미활동도 도움이 된다. 그러다 보니 흘러가는 단신 뉴스에서도 남들에게 보이지 않는 '뭔가 있겠다'라는 느낌을 잘 갖는다.

〈다큐멘터리 3일〉 '울릉도' 편은 그곳에 산악스키를 타러 가는 사람이 있다는 말을 듣고 시작한 것이다. 산악스키를 간다는 것은 강설량이 많다는 것이고, 그런 곳에 사는 사람은 일반적인 사람들에게서는 볼 수 없는 다른 삶의 형태가 있을 거라는 기대감이 생겼다. 기획 초기 자료 조사 담당자는 "거기 사람들은 아무것도 하는 게 없답니다"라는 말을 했고, 그 말 자체가 내게는 '뭔가 있구나'로 들렸다. 눈이 많아서 아무것도 할 수 없는 대신 도시에서는 볼 수 없는 확실히 다른 게 있을 거라고 예감했기 때문이다.

미켈란젤로는 '조각은 대리석 안에 갇혀 있는 인물을 해방시키는 것'이라고 했다. 아이디어도 조각처럼 깎는 작업이 아니라 재료가 가진 본질을 찾아내는 일이라고 생각한다.

15 '야마'를 찾아라

"열네 살 아이가 방송통신대에 입학했어요."

"그래요?"

"그 학생을 포함해서 엄마, 아빠, 언니도 동시에 같은 법학과에 입학했어요."

"오, 그래요? 그렇다면 '야마'가 어떻게 되는데요?"

"엄마와 아빠가 가족의 반대를 무릅쓰고 감동적으로 만났고, 아빠가 몸이 아픈데도 불구하고 직접 아이들을 홈스쿨링이라는 방식으로 교육을……."

"아! 오케이."

C신문사 L기자와의 대화이다. 언론사에는 일명 '업계 용어'가 있다. 일본말이라 순화하지 않고 쓰는 것은 좋은 방법이 아니지만 뜻을 강조할 때 종종 사용한다. 그중 '야마'라는 게 있다. '이야기

의 핵심 주제(요점)' 정도로 쓰인다.

첫 번째, '열네 살이라는 어린 학생이 대학생이 되었다는 것'은 '사실fact'이다. 이 정도의 사실은 관심을 끌 만한 요소이지만 기사가 되기는 힘들다. 그런데 두 번째 '한 가족이 모두 같은 과에 입학했다는 사실'은 신문에서 '사람people 면'에 실릴 '이야기story'에 그친다. 마지막 단계인 '몸이 불편한 아빠와 간호사 엄마의 남다른 교육 철학과 방식이 있는 홈스쿨링'에는 '감동'이 있다. 이렇듯 '야마'가 있어야 기사로서의 가치가 커진다. 여기에 더불어 사진의 역할이 중요하다. 이 기사와 같은 경우 어려움을 딛고 일어난 밝은 이미지를 주면 더욱 좋다. 이 보도자료는 ≪조선일보≫ 2012년 3월 2일 자에 "엄마, 아빠, 두 딸, 방송대 12학번 동기래요"라는 제목으로 사회면 톱기사가 되었다.

또 다른 사례를 보자. 방송통신대 학생 중에는 재소자가 있다. 분명히 색다른 소재이기 때문에 기사가 될 확률이 높다. 하지만 처음이 아니고 계속 있었던 일이라 '사실'만으로는 이야기가 되기 힘들다. 그렇다고 멈추는 것은 홍보맨의 자세가 아니다. 어떤 내용이 있나 살펴봤다.

첫 번째 사실은 '재소자 학생이 있다'는 것이고, 두 번째 이야기는 '재소자 학생이 졸업한다'는 것이었다. 마지막은 '재소자 학생이 재활의 의지를 가지고 열심히 공부해 성적우수생으로 졸업한다'는 감동이 있는 이야기였다. 역시 이러한 감동 이야기(야마)를 밝혀내 사회면 톱의 영광을 차지하게 되었다("세월도 못 막은 학구열…… 교도소에서 딴 수석졸업장”, ≪동아일보≫, 2012년 2월 21일).

  기사가 커지는 흐름을 봤다. 처음에는 작은 사실에서 시작한다. 이런 경우는 제보나 관찰에 의해서 발견될 수 있다. 그리고 그 사실이 일어나게 된 인과관계를 찾아보는 것이다. 이것이 이야기(스토리텔링)가 된다. 홍보맨이 조사해야 할 영역이다. 어느 정도만 해도 기사가 될 수 있겠지만 확실하게 쐐기를 박기 위해서는 감동(사회적 영향력)이 있어야 한다. 감동의 요소는 취재원과의 심도 있는 인터뷰를 통해서 그 깊은 속내를 알아야 얻을 수 있다.

  1단계: 사실
  2단계: 이야기
  3단계: 감동

  이렇듯 3단계 요소를 모두 갖춰야 사회면 기사로 실릴 가능성이 더 높다고 보면 된다. 따라서 평소 ‘야마’를 찾는 연습을 할 필요가 있다. 같은 사실이라도 어떻게 보느냐에 따라 단순한 사실에서 감동이 있는 이야기로 발전될 수가 있다. 잘 발굴한 기사가 훌륭한 ‘야마’로 인해 큰 기사가 될 수 있다는 것을 유념해 보도자료를 작성해야 한다.

알아두면 유용한 언론계 용어

기자들 사이에서 쓰이는 용어 중에는 사전에도 나오지 않는 독특한 말들이 있다. 이는 영어나 일본어의 변형, 본래의 의미와 달리 사용되는 우리말을 활용한 다양한 은어들이다. 기자와의 대화 중에 종종 나오는 단어이기 때문에 알고 있으면 유용하다.

언론사에도 국장, 부장, 차장 등의 직급이 있지만 주로 듣게 되는 직책은 이와 다르다. 부장은 사회부를 운영, 총괄하는 총책임자다. 데스크는 회사 내에서 아이템을 선별하는 게이트키핑gate keeping 역할을 한다. 캡은 현장 지휘관이며, 기자의 출입처 배치, 취재원 섭외, 기사 작성 등의 역할에 대해 현장을 총괄한다. 이들은 경찰의 상위 기관인 서울시경이나 경찰청에서 근무하며 각 라인(경찰서)에서 수집되는 자료를 보고 취재 여부를 지시한다.

이 외 바이스는 캡을 보좌하는 역할을 말하고, 1진은 경찰서 출입기자 중 선임을 말한다. 경찰서 출입은 경력이 상대적으로 짧은 기자들이 담당한다. 이들을 가리켜 사츠마와리(돌면서 살피는 이)라고 한다. 이 외 야마(요지, 핵심), 우라까이(베껴 쓰기), 마와리(취재 구역을 돌다) 등의 일어식 은어가 있다. 우리말로는 물먹다(모두 기사를 쓸 때 혼자 정보가 없어 기사를 못 쓰다), 빨다(홍보성 기사를 쓰다) 등 다양한 은어들이 존재한다. 요즘은 트위터가 중요해져 '트위터 마와리', '트위터 특종'이라는 신조어도 등장했다.

126

16 먹히는 보도자료 쓰기

대학에서는 다양한 일들이 수시로 벌어진다. 그 중 우리가 원하는 것들만 언론에 보도되면 좋겠지만 그럴 수는 없다. 기사가 되기를 원한다면 감정 나열이 아닌 사회에 영향력이 있는 '사실'이 체계적인 보도자료로 전달되어야 한다.

보도자료는 기본적으로 육하원칙, 즉 5W1H(누가, 언제, 어디서, 무엇을, 어떻게, 왜)에 의해 사실을 전달할 수 있도록 작성되어야 한다. 이 기본 원칙을 바탕으로 홍보맨이 각 사안에 어떻게 접근하는가에 따라 승패(기사화)가 결정된다.

다음과 같은 행사 관련 자료를 받았을 때 홍보 담당자로서 어떻게 대처할 수 있을까?

1. 행사명: 탈북학생예비대학과정 제3기 수료식

2. 탈북학생예비대학과정 의의 및 현황

○ 대학 진학을 앞둔 탈북학생들에게 대학 생활 및 대학 교육에 필요한 기초 정보를 제공함으로써, 대학 생활에서 직면하게 되는 여러 문제를 사전에 인식하고 준비해 갈 수 있는 기회를 마련토록 함.

○ 교육과학기술부의 위탁으로 한국교육개발원의 지원을 받아 2010년도부터 2012년까지 3기 사업 시행

○ 제3기 과정 운영은 12월 18일부터 1월 31일까지 약 45일 동안 진행

○ 제3기 과정 수강생 78명 중 57명 수료(73.1%)

3. 참석자

○ 학교: 총장, 학장

○ 수료생 57명

4. 일시 및 장소

2013년 ○○월 ○○일, 대학로 본관 3층 강당

먼저 5W1H로 나눠보자.

○ 누가: 한국방송통신대학교 총장

○ 언제: ○○월 ○○일

○ 어디서: 대학로 본관 3층 강당

○ 무엇을: 수료증

○ 어떻게: 학생들에게 전달한다

○ 왜: 탈북학생예비대학과정을 마쳤기에

이를 단신으로 정리하면 아래와 같다.

한국방송통신대학교 ○○○ 총장은 ○○월 ○○일 대학로 본관 3층 강당에서 탈북학생예비대학과정을 마친 학생들에게 수료증을 전달한(했)다.

그동안 동정 담당 기자와 친분을 쌓아뒀다면, 위의 단신 보도자료만으로도 총장 동정으로 실어줄 것이다. 하지만 이 정도로 만족하면 홍보맨이 아니다. '스트레이트성 보도자료'로 키워보자. 단신이나 스트레이트는 같은 종류의 기사다. 5W1H를 압축해서 전달하는 형태는 비슷하다. 다만 신문 기자들이 작업의 편의상 한두 문장의 짧은 기사는 '단신'이라고 하고 좀 더 긴 기사는 '스트레이트'라고 부른다.[20]

한국방송통신대학교(총장 ○○○)는 ○○월 ○○일 대학로 본관 3층 강당에서 탈북학생예비대학과정 수료식을 개최했다. 한국교육개발원의 지원으로 2010년도부터 시작해 3기째 진행 중인 사업이다. 지난해 12월 18일부터 45

---

20 김왕기, 강형철, 『재미있는 뉴스 취재와 맛있는 기사 쓰기』(한국방송통신대학교 출판원, 2013), 130쪽.

일 동안 진행된 과정을 통해 78명 수강생 중 57명이 수료증을 받는다.

방송통신대 관계자는 "대학 진학을 앞둔 탈북학생들에게 대학 생활 및 대학 교육에 필요한 기초정보를 제공하는 것이 목적"이라며 "탈북학생들이 대학 생활에서 직면하게 되는 여러 문제들을 사전에 인식하고 준비해 갈 수 있는 기회를 마련하고자 진행 중"이라고 했다.

이 정도의 보도자료는 동정으로 쓰기에도 애매하고 스트레이트로 쓰기에도 어정쩡하다. 처음으로 수료하는 1기도 아니고 인원이 많은 것도 아니라 큰 이슈가 못 된다. 그래서 이러한 기사는 좀 더 호기심을 갖고 깊이 있게 조사하는 것이 좋다.

1단계: 수료자들은 어떤 학생들일까?(나이, 성별, 직업 등)

2단계: 구체적인 교육내용은 무엇일까?(과목명, 교육방법 등)

3단계: 교육을 받은 탈북학생들은 어떻게 느꼈을까? 도움이 되었을까? 남한의 대학과 북한의 대학은 어떤 차이가 있는가?(그들이 바라보는 남한 대학 생활 등)

탈북자가 급격히 늘어나고 있는 추세라 이들이 우리 사회에 적응해가는 모습에 초점을 맞췄다. 그들의 목소리(인터뷰)가 필요했다. 하지만 신변의 안전상 언론에 노출되는 것을 조심스러워해 취재원을 확보하는 일이 힘들었다.

수소문 끝에 탈북학생 조교가 있어 중간 역할을 해주었다. 여러 명의 학생들에게 전화를 걸어 섭외해준 것이다. 몇 명의 학생들과 인터뷰를 하게 되어 보도자료를 배포해 몇몇 매체에 기사가 실렸다.

　이처럼 작은 '사실'도 호기심을 발휘하여 착실한 보도자료를 작성하면 큰 기사로 만들 수 있으니 관심을 갖기 바란다('"남한 대학 생활 이제 자신 있어' 탈북자 57명 방송통신대 예비대학 수료", ≪서울신문≫, 2013년 2월 14일; "예비과정이 앞으로 대학 생활 큰 도움", ≪한국대학신문≫, 2013년 2월 14일).

"CC라는 단어를 처음 알았어요"

"대학 생활용어 중 CC(캠퍼스 커플)라는 단어가 재밌었다"고 말하는 A(21)씨. 한국방송통신대학교 프라임칼리지 '탈북학생예비대학과정' 수료를 앞두고 있다. A씨는 오는 3월 용인의 한 대학 사회복지학과에 입학할 예정이다. 이 과정은 대학 입학을 앞둔 탈북자들에게 대학 생활에 필요한 기초 정보를 제공함으로써, 대학 생활에서 직면하는 문제를 사전에 준비해 갈 수 있도록 도움을 주기 위한 무료 프로그램이다. 교육과학기술부가 방송통신대에 위탁해 2010년부터 시행한 지 3년째다.

교육은 주로 온라인을 활용한다. 수업내용 중에는 학사제도, 교육과정, 학과 소개, 글쓰기, 발표법, 성적 산출, 직업의 세계 등 대학 생활의 일반적인 특징을 알려준다. A씨는 "또래 친구들 중 대학생이 있어 어느 정도 알 것이라 생각했는데, 새로운 용어들이 많아 흥미로웠다"고 했다.

이렇듯 교재에는 '미리 알아두면 유용한 말들'이라고 하여 대학 생활용어를 설명하고 있다. 줄임말인 단대(단과대학), 동방(동아리방) 등이 그렇다. 프레젠테이션(발표), 퀴즈(쪽지시험), 카피(복사) 등의 외래어도 있다. 빵구(F학점), 족보(기출문제 모음) 등의 은어와 좀 더 고난이도인 외래어를 줄여 쓴 팀플(팀 프로젝트), CCC(캠퍼스 커플 커터, CC 방해꾼) 등을 소개했다.

132

북한 음식 관련 연구원으로 일하며 방송통신대 가정학과에서 식품영양학을 전공할 예정인 B(29)씨는 "대학에 입학하면 모든 것이 다 되는 줄 알았는데 등록금 납부, 장학금 신청, 교재 구입, 수강신청 등 모든 것을 직접 해야 한다는 사실을 알게 됐다"며 "예비과정에서 미리 알고 나니 학교를 다니는 부담이 줄었다"고 했다.

6년 전에 귀순해 방송통신대 예비대학 튜터(담임선생님)로 활동 중인 C(33)씨는 "북한의 대학은 고등학교처럼 담임선생님, 교실, 짜여진 시간표가 있어 같은 전공자는 졸업할 때까지 같은 일정에 따라 공부해 한국과 큰 차이가 있다"고 했다. 이어 "특히 리포트나 프레젠테이션은 대학 생활의 가장 기본에 해당되는 것이고 지도를 받을 기회가 없어 강조하는 부분"이라고 했다.

2010년 55명, 2011년 74명이 수료했고, 올해 3기는 78명이 수강해 57명이 수료한다. 수료를 하기 위해서는 강의 진도율(50점), 온라인 평가(30점), 워크숍(개강식) 참석(20점)의 배점 중 80점 이상을 취득해야 한다. 수료 시 방송통신대 총장 명의의 수료증이 수여된다. 이번 수료식의 최연장자는 41세, 최연소자는 19세다. 22세 학생이 16명으로 가장 많다. 성별은 남자 20명, 여자 37명이다. 진학대학으로는 한국외대 7명, 서강대와 가천대가 각 4명, 방송통신대 2명 순이다. 수료식은 2월 13일(수) 오후 2시 한국방송통신대학교 대학본부 3층 소강당(서울 종로구 대학로 소재)에서 개최된다.

수료식 후에는 '스타일리시한 대학생 되기'라는 이미지 메이킹 특강이 이어진다.　　　　　　　　　방송통신대 보도자료(2013년 2월 13일)

17 인터뷰 잘하는 법

인터뷰는 언론 홍보 담당자의 업무 역량 중 가장 기본에 속한다. 인터뷰를 잘하기 위한 몇 가지 팁을 소개해본다.

처음 만날 때가 중요

일반인을 대상으로 휴먼 스토리를 취재할 때는 처음 만날 때가 가장 중요하다. 만약 다른 매체(심지어 학보사)에서 인터뷰했다면 두 번째 만날 때는 잘하려는 욕심에 오히려 부자연스러운 경우가 많다. 또한 여러 번 인터뷰를 하면 취재원이 지치기도 한다.

방송통신대에 네 자매가 동시에 입학했다는 사실을 알게 되었다. 입학 시즌에 필요한 좋은 아이템이었지만 불과 며칠 전에 특이 입학생 기사가 대대적으로 나간 터라 기자들 입장에서는 덜 신선하리라 예상했다. 조금 묵혔다가 특정 신문에 단독으로 기사를 내

보낼 심산이었다. 그런데 마침 케이블 채널 tvN에서 〈대학생 토론 배틀〉이라는 프로그램에 출연할 기회가 생겨 어렵게 권유했다. 대학생 프로그램임에도 '네 자매 주부가 대학생'이라는 점이 '예능 프로그램'의 속성과 맞아떨어졌기 때문이다. 이런 아이템은 먼저 방송에 나간 후에도 신문에서 다뤄질 수 있기 때문에 안심하고 있었다. 그런데 안타깝게도 예선에서 탈락해 예고편에만 살짝 등장하고 본방송에는 노출이 안 됐다. 더 큰 문제는 네 자매가 방송에 출연하면서 지쳐 다른 취재에는 응하지 않겠다고 한 것이다. 결국 이후 신문 인터뷰도 거절해 쓸 수 없는 아이템이 되어버렸다. 이런 경우 졸업을 기다리거나 다른 기회를 틈타야 한다. 좋은 취재원을 처음에 어떻게 대하느냐가 대단히 중요함을 느낀 사례다.

취재원의 말을 정리해주며 질문하라

일반인들을 인터뷰할 때는 기사가 나아갈 방향에서 벗어나 다른 길로 빠지기가 쉽다. 그래서 중간에 했던 말을 정리해주며 다시 물어보아야 한다. 또한 주의 깊게 잘 들으면서도 취재원이 말하고자 하는 내용을 잘 이끌어내 주어야 한다.

50대 주부와 전화로 인터뷰를 할 때였다. 이 주부는 아이들을 키우면서 자존감이 사라져 힘들었을 때 이를 극복하고자 공부를 시작했다. 지금은 관련 민간 협회의 회장까지 맡고 강의도 하는 등 열정적인 삶을 살고 있었다. 처음에는 인터뷰를 가볍게 생각했는지 단답형으로 대답하다가 깊이 있게 질문이 들어가자 말이 뒤

죽박죽이 되었다. 이야기할 때 곁가지가 많아서 스스로 헷갈려해 인터뷰하면서 중간에 이야기를 끊고 다시 물어가며 정리해주었다. 인터뷰가 끝나고 얘기했던 흐름에 맞게 정리해주자 긴 한숨을 쉬며 그런 뜻이었다고 말했다.

이렇듯 홍보맨은 취재원의 말을 잘 듣기도 해야 하지만 잘 정리하는 것도 중요하다. 인터뷰가 너무 길어지면 듣는 사람도 지치고 말하는 사람도 지칠 수 있으므로 주의해야 한다. 특히 연세가 많은 어르신들의 경우 이런 경우가 많다.

필자가 생각하는 최고의 인터뷰어는 손석희 앵커다. 과거에 진행했던 TV 프로그램 〈100분 토론〉과 라디오 프로그램 〈시선집중〉 등을 보면, 상대방이 장황하게 말하는 것을 그야말로 간단히 정리해 확인하고 다음 질문으로 넘어간다.

취재원을 편하게 하고, 칭찬하라

대학에서 인터뷰를 할 때는 대부분 긍정적인 이슈로 만난다. 따라서 만날 때 분위기는 좋을 수밖에 없다. 특별히 언론을 많이 탔거나 스스로 언론에 노출되기를 희망하는 몇몇을 제외하고는 "제가 이렇게까지 인터뷰할 만한 사람인가요"라며 쑥스러워하거나 어색해한다. 그렇기 때문에 취재원을 편하게 해주는 것이 대단히 중요하다. 어떤 경우에는 마치 자신이 직접 기사를 쓰는 것처럼 경직되게 말하기도 한다.

대부분의 취재원들은 "공부할 때 어떤 점이 가장 힘드셨나요?"

라고 물으면 "힘이 들었지만 최선을 다해 공부하는 것이 중요하다고 생각합니다"라고 한다. 좋은 말만 하려다보니 식상한 답을 하는 것이다. 또 "나이 들어 공부하면 기억력과 집중력이 떨어진다던데……"라고 물으면 "반복해서 책을 보고 오랜 시간을 들여 공부하는 것이 중요하다고 생각합니다"라고 답한다. 역시 원칙적인 이야기를 반복한다.

이럴 때는 취재수첩을 접고, 요즘 사는 이야기를 좀 해달라고 하는 편이 낫다. 그러면서 '대단하다', '멋지다', '훌륭하다' 등의 칭찬을 곁들이면 취재원은 자신감을 갖고 편하게 이야기하기 시작한다. 그러다보면 이야기의 물꼬가 터져 원하는 멘트를 잡아낼 수 있다. 인터뷰 노하우는 홍보맨마다 다른 특성이 존재한다. 녹음기를 틀어놓고 이야기를 길게 듣는 경우도 있고, 직접 노트북으로 타이핑을 하는 경우, 수첩에 적는 경우 등이 있다. 필자의 경우 대부분 타이핑을 하면서 취재한다. 인터뷰 내내 '그렇죠', '맞습니다', '그랬군요'라는 등의 호응을 많이 하는 편이다. 취재 경험을 통해 홍보맨 스스로 자신만의 스타일을 찾아 인터뷰 노하우를 갖는 것이 필요하다.

인터뷰 사진 촬영 때 알아두면 좋은 것들

인터뷰 때는 대부분 사진기자가 동행한다. 하지만 바쁜 취재일정으로 사진자료를 학교에 요청하는 경우가 있다. 이때 알아둘 몇 가지 팁을 소개한다.

교기 배경

총장 인터뷰 사진 촬영 때는 뒤에 교기 또는 학교 UIuniversity identity 패턴을 배경으로 삼는다(사진기자가 올 경우 취재 전에 귀띔하면 대부분 적극 협조해준다). 인터뷰 기사 제목에 학교명이 들어가지 않는 경우가 종종 있어, 사진만으로도 대학명을 노출할 수 있어 효과적이다. 일반인은 학교 UI가 보이는 건물이나 상징 앞에서 찍으면 좋다.

대화하는 모습

사진기자가 인터뷰할 때 사진 찍는 것을 유심히 관찰하면 취재원이 열심히 이야기하는 모습을 촬영하는 경우가 많다. 말을 하느라 입이 튀어나와 보이긴 해도 생동감이 있기 때문에 이런 장면을 많이 찍는다. 미담기사를 취재할 때는 웃는 모습이 가장 좋다. 인물이 크게 나오도록 찍으면 좋다.

손동작 가미

사진 찍을 때 손동작이 들어가면 자연스럽다. 손바닥을 편다면 무엇인가 안내하는 느낌으로 내미는 것도 좋고, 검지손가락으로 무엇인가 가리키는 느낌도 괜찮다. 펜을 쥐고 메모하는 느낌도 자연스러운 동작 중 하나다.

18 학사일정에 맞춰 보도자료를 준비하라

부서이동을 하게 돼 '홍보 담당자'라는 타이틀을 갖게 되었다. 하지만 '무엇부터 해야 하지?'라며 기존 자료들을 보게 된다. 예전 보도자료를 보기도 하고 책도 찾아본다. 하지만 언제 보도자료를 만들어야 할지, 어디까지 외부에 알려야 할 상황이고 아닌지 판가름이 서지 않는다. 이럴 때 유용한 것이 학사일정이다. 벽에 붙여 놓고 항상 눈여겨보자. 학교에서 달력을 제작한다면 작은 글씨로 학사일정이 꼼꼼히 적혀 있으니 책상에 세워두자.

TV나 신문을 유심히 봤다면 해마다 반복되는 사진기사가 있다는 사실을 알 수 있다. 봄이 되면 등산객들이 녹기 시작하는 얼음을 뚫고 흐르는 계곡 옆으로 산을 타는 모습이 나온다. 겨울이 되면 눈썰매장에서 아이들이 추운 겨울임에도 얼굴이 빨개져서 서로 경쟁하듯 카메라에 얼굴을 들이미는 모습도 봤을 것이다. 지면 기사도 다르지 않아 연말이 되면 기부 관련 소식이 쏟아져 나오고, 여름이면 물놀이 사건 소식이 짬짬이 나온다. 즉, 계절과 시기에 따라 이미 정해진 형식의 기사가 있다.

대학도 마찬가지다. 2월에 신입생 OT, 3월에 입학식, 4~5월에는 중간고사 및 축제, 6월에는 기말고사 그리고 MT, 두 달간의 여름방학을 마치면 9월에는 새학기 맞이, 10월에는 각종 축제, 11월에는 수능 및 입시 시험, 12월에는 방학을 맞이한다. 겨울방학 중에는 학생들의 봉사활동이 있다. 대략 이 정도만 나열했지만 그 사이사이에는 촘촘히 다양한 학사일정들로 채워져 있다.

짐작했겠지만 이 모든 것들은 해마다 기사로 생산되고 있다. 놀라운 사실은 이처럼 비슷한 내용이 비슷한 대학의 이야기들로만 채워지고 있다는 것이다. 왜 이런 일이 벌어질까?

한 사진부 기자는 "신문사는 대부분 종로에 있고, 방송사는 여의도, 목동 등 서부 쪽에 있어 언론사에서 가깝게 있을수록 취재가 용이하기 때문에 기사화되기 쉽다"고 했다. 그래서 서쪽에 있는 E대, Y대와 종로의 S대 등이 많이 나온다. 이어 "대학 행사는 사건, 사고를 제외하고는 날씨 기사와 같이 젊은 학생들의 싱그러운 모습을 담아 지면을 건강하게 보여주는 데 의미가 있다. 특별히 취잿거리가 없을 때는 면 막음(특정한 기사가 없어 지면을 채우는 편집 행위)을 할 수 있는 좋은 소재인 것이다. 이때를 잘 활용하면 기사를 내보내기 쉽다"고 귀띔했다.

시기별로 대학마다 자주 보도되는 행사가 있다. 중앙대와 성균관대는 졸업식 사진이 많이 나간다. 그 이유는 일반적인 대학 졸업식과는 조금 다른 모습이기 때문이다. 중앙대 국악과는 학위복이 전공에 맞게 한복처럼 독특하게 생겼다. 성균관대는 졸업식을 하기 전에 명륜당 앞에 있는 대성전(공자의 위패를 모셔놓는 옛 건축물)에 들러 예를 갖추기 때문에 그 모습이 이색적이다. 둘 다 비주얼과 의미가 남다르다. 운이 좋을 때는 1면에 기사가 나갈 수도 있다("교수님 고맙습니다 헹가래, 중앙대 국악대 졸업식", ≪동아일보≫, 2013년 2월 19일; "셀카 찍는 중앙대 유생들", ≪동아일보≫, 2012년 2월 14일; "중앙대 국악대, 학창의 입고 이색 졸업식", ≪머니투데이≫, 2011년 3월 17일; "끝이자 새로운 시작, 성균관대 전통 졸업식", ≪헤럴드경제≫, 2013년 2월 24일; "성균관대 졸업식 고유례", ≪세계일보≫, 2012년 2월 28일; "성균관대, 교유례 의식", 연합뉴스, 2011년 2월 25일).

이처럼 특정 대학 졸업식만 주로 보도된다고 해서 포기하고 말 것인가. 새로운 형식의 졸업식이 있다면 기사가 될 수 있으니 학교 내 변화에 눈을 열고 귀를 기울이는 것이 중요하다("취업 벽 깨기 등 대학 졸업식 행사 확 달라졌다"(순천향대), ≪경향신문≫, 2012년 2월 16일; "대학가 졸업식 업그레이드, 스마트폰 해외 중계"(성균관대), ≪한국일보≫, 2011년 2월 26일).

이럴 때 초보 홍보 담당자는 '단지 사진기사나 보도를 위해서 홍보팀에서 어떻게 새로운 것들을 모두 준비하느냐? 예산은 어쩌고, 특히 인력은 어떻게 확보하나' 등을 생각할 것이다. 하지만 그렇게 어려운 것이 아니다. 눈과 귀를 열면 된다. 알게 모르게 학과

나 행정부서 그리고 학생들이 자체적으로 다양한 행사를 벌이고 있다. 그중에서 괜찮은 것을 찾아내기만 하면 된다.

중간·기말시험 시기를 보자. 학생들이 도서관에서 집중하며 공부하는 모습을 보도사진 형태로 잘 찍어 배포하면 기자들이 좋아한다. 최근에는 간식 나눠 주기가 유행처럼 번지고 있다. 총학생회가 기업 협찬을 받아 학생들에게 나눠 주는 것이다. 재학생 연예인과 총장 등 유명인이 함께 참여해 기사 노출에 힘을 더하고 있기도 하다("중간고사 건국대 도서관 열공 중인 대학생들", 연합뉴스, 2012년 10월 9일; "중간고사 맞은 대학가, '무료간식' 돌풍"(성균관대), MBC 뉴스, 2011년 10월 25일; "경산1대학, 기말고사 응원 학생들에게 간식 제공", 뉴시스, 2012년 6월 19일; "노영균 영남대 총장, 중간고사 첫날 간식 배달", ≪헤럴드생생뉴스≫, 2013년 4월 22일; "이화여대, 중간고사 간식 받아가세요", ≪경향신문≫, 2013년 4월 19일).

겨울 봉사활동 중에서는 연탄 배달이 단연 인기다. 온정의 상징인 검은 연탄을 배달하는 모습은 사진을 찍었을 때 드라마틱하다. 웬만한 대학교 이름과 연탄 배달을 동시에 검색해보면 얼마나 많은 대학생이 이러한 봉사활동을 하고 있는지 알 수 있을 것이다("한양대 사회봉사단 연탄배달 봉사", 연합뉴스, 2012년 11월 4일; "전남대병원 '사랑의 연탄' 배달", ≪아시아경제≫, 2012년 12월 4일; "강원대 미술학과 연탄 배달", ≪강원도민일보≫, 2012년 11월 5일; "인하대, 지역민들에 '사랑의 연탄 나눔'", ≪한국대학신문≫, 2012년 11월 7일).

노련한 홍보 담당자는 해당 시기에 어떤 기사가 필요한지 알고 미리 대비한다. 요즘은 해외 봉사활동도 많이 나간다. 이때 미리 담당자와 의논해서 사진을 받아낸다면 충분히 기사가 될 수 있다. 이렇듯 이미 진행 중인 행사를 발굴해 기사로 만들기만 하면 되는 것이다.

기자들도 해마다 비슷한 일이 벌어지기 때문에 때가 되면 어떤 대학에서 어떤 기사를 찾으면 된다고 알고 있다. 하지만 너무 오랫동안 이어지면 식상해질 수 있다. 이런 틈을 노리자. 홍보 담당자는 학사일정을 보고 미리 기자에게 귀띔을 해두면 좋다. 그리고 행사를 앞두고 직접 만나 보도자료로 '달짝지근하게' 이야기를 풀어내도록 한다. 기자의 뇌리에 시기별로 기사가 될 만한 이야기를 심어놓고 때가 되면 뽑아 활용하면 된다. 대학마다 학사일정 특성에 맞춰 이미 그 자리를 차지하고 있는 것이 현실이다. 하지만 그 자리를 빼앗아 우리 것으로 하는 것도 재미있지 않은가.

한양대학교 주요 학사일정

일정	내용
2014.3.3	2014학년도 1학기 개강
5.14~23	하계 계절학기 신청 기간
5.26~6.25	1학기 인터넷 강의 평가 기간
6.2~13	1학기 영어졸업인증 성적표 제출 기간
6.21	1학기 종강
6.23~8.30	하계 방학
6.23~7.24	하계 계절학기
7.21~8.1	2학기 휴 · 복학 신청 기간
8.4~6	2013학년도 후기 졸업 사정
8.11~19	2학기 수강신청 기간
8.22	2013학년도 후기 학위 수여식
9.1	2학기 개강
10.20~24	2013학년도 전기 졸업예정자 졸업논문 제출 기간
11.3~7	2015학년도 1학기 재입학 접수 기간
11.12~21	동계 계절학기 신청 기간
11.24~25	2학기 인터넷 강의평가 기간
12.1~12	2학기 영어졸업인증 성적표 제출 기간
12.20	2학기 종강
12.22~1.14	동계 계절학기
12.22~2.28	동계 방학
1.12~23	2015학년도 1학기 휴 · 복학 신청 기간
1.28~30	2014학년도 전기 졸업사정
2.9~13	2015학년도 1학기 수강신청 기간
2.12~13	2014학년도 전기 학위 수여식
2.25~27	2015학년도 부전공 접수 기간

자료: 한양대학교 홈페이지(www.hangyang.ac.kr) 학사일정.

한국방송통신대학교 주요 학사일정

일정	내용
2014.3.1	입학식
3.2~6.14	개강/1학기 출석수업
3.9	개교기념일
4.20	1학기 중간시험(전학년)
6.9~7.16	2학기 신·편입생 입학지원서 접수
6.22/29	1학기 기말시험(1·2학년)/(3·4학년)
6.30~7.19	하계 계절수업 강의
7.10~16	2학기 신·편입생 입학지원서 접수(방문 접수)
7.17~24	2학기 시간제 등록생 입학지원서 접수 및 수강신청
7.20	하계 계절수업 시험
8.4	2학기 시간제등록생 합격자 발표
8.6	2학기 신·편입생 합격자 발표
8.23~11.29	개강/2학기 출석수업
10.19	2학기 중간시험(전학년)
11.30	2학기 출석수업 대체시험(전학년)
12.1~2015.1.9	2015년 1학기 신·편입생 입학지원서 접수
12.7/14	2학기 기말시험(1·2학년)/(3·4학년)/종강
12.15~2015.1.3	동계 계절수업 강의
12.31	2014 종무식
2015.1.2	2015 시무식
1.4	동계 계절수업 시험
1.12~19	1학기 시간제 등록생 입학지원서 접수
1.29	2015년 1학기 신·편입생 합격자 발표
1.30	1학기 시간제 등록생 합격자 발표
2.25	2014 학위수여식

자료: 한국방송통신대학교 홈페이지(www.knou.ac.kr) 학사력

학사일정에 따른 보도자료 가능 아이템

구분	학사일정
1월	시무식/신년하례식 총장 신년사 장면, 공연 등
	총동창회 신년하례식 신년사 장면, 수상자 발표
	합격자 수, 인기 학과, 지원 경향
	대학생 겨울방학 봉사활동 장면 사진 보도
	연초 기부금 소식 전달(12월 기부금 소식 정리)
	예 · 체능계 실기 현장 사진 스케치
2월	합격생(예비 신입생) 대상 행사
	합격자 발표, 특이 입학생 발굴
	인사(보직자)
	정시 등록 마감 관련
	학위수여식 개최, 특이 졸업생 발굴
	입학식 및 학생 오리엔테이션, 행사 스케치
3월	학생 첫 등교 스케치
	도서 대출 순위 점검
4월	중간고사 공부 장면, 시험 장면 스케치
	봄 풍경 스케치
5월	대학 축제 트렌드, 장면 스케치
	후기 대학원 모집 요강 발표
6월	기말고사 공부 장면, 시험 장면 스케치
	방학 중 학생 봉사활동 취재 및 스케치
7월	서머스쿨 참여 현황, 국내외 학생 활동, 공부 장면 스케치
	대입 박람회 스케치, 대학 부스 참여도 및 장면 스케치
8월	인사(보직자)
	수시 모집 특이 사항, 모집학과 등 안내
	후기 학위수여식, 특이 졸업생 발굴
9월	2학기 개강 관련 취재 및 등교 스케치
	취업박람회, 리쿠르팅 행사 장면 스케치

10월	중간고사 공부 장면, 시험 장면 스케치
	대학 축제 트렌드, 장면 스케치
	전기 대학원 모집 요강 발표
11월	수시 모집 특이사항, 모집학과 등 안내
	낙엽 지는 가을 캠퍼스 정취 등 계절 관련 캠퍼스 소식
	인사(신임 교원)
12월	정시모집 입학설명회 계획 및 스케치
	눈 내린 캠퍼스 정취 등 계절 관련 캠퍼스 소식
	기말고사 때의 도서관 모습
	정시모집 경쟁률, 지원자 수
	겨울 방학 특강
	편입학 원서 접수 안내
	학생 봉사활동
	연말 기부금 이야기

19 제목은 섹시하게, 네이밍은 흥미롭게

흔히 '섹시한 제목'이라고 표현한다. 제목이 섹시하다? 언론계 은어로 그만큼 제목이 '매력적'이라는 뜻이다. 기사의 내용도 중요하지만 수많은 기사 더미에서 눈에 띄려면 독자들의 관심을 끌 만한 '튀는' 제목으로 제목을 뽑아야 한다는 데서 나온 말이다. 하지만 경계해야 할 부분이 있다. 최근 포털사이트의 제목 뽑기 경쟁을 보면 알 수 있다. 어떤 것들은 섹시한 제목이라기보다는 피싱(낚시)에 가까운 제목이라 할 수 있다. 한 경제지는 많은 경우 제목에서 여성이 나오면 미녀(미인, 미모, 얼짱)를 꼭 붙인다. 그리고 그다지 큰일도 아닌데, '경악', '화들짝', '헉' 등을 붙이며 큰일이 난 듯 제목을 뽑는다. 하지만 기사를 보면 미모와 상관없고, 내용도 전혀 급하거나 놀랄 만한 일이 아니다. 이런 '낚시성 기사'는 언론사 스스로 격을 떨어뜨리는 것이다. 절대로 배워서는 안 될뿐더러 모방하면 신뢰감이 떨어져 보도자료로 받아들여지지 않을 것이다.

다음은 보도자료 제목을 정할 때 필자가 꼭 지키고자 하는 원칙이다.

1. 제목에 핵심을 담아낸다.

어떠한 미사여구보다 사실fact을 정확히 적는 게 좋다.

2. 말하고자 하는 것을 짧게 요약해 쓴다

제목이 길수록 전달력이 떨어진다. 간결하게 하라(연합뉴스는 송고 프로그램의 제목의 길이가 50바이트로 제한될 정도로 간략한 것을 추구한다. 한글 한 글자는 2바이트, 띄어쓰기는 1바이트를 차지한다).

3. 의성어, 의태어를 활용해 생동감을 불어넣는다

○ 포항운하, 40년 만에 생명의 물길 '콸콸'(≪세계일보≫, 2013년 11월 4일)

○ 시중자금 통계 보니……기업엔 '콸콸' 가계엔 '졸졸'(≪경향신문≫, 2013년 9월 1일)

4. 대구를 맞춰 운율을 살리고 강조한다

○ 학생들, 튀는 스펙 찾아 생고생…… 결국은 헛고생(≪조선일보≫, 2014년 1월 13일)

○ 대입전형 늘었나? 줄었나?(≪동아일보≫, 2014년 1월 16일)

5. TV 프로그램명, 유행어를 응용한다

○ 집값 펄펄 뛸 청마를 기대하며……‘응답하라 2002’(《중앙일보》, 2014년 1월 17일)

○ "창업 느낌 아니까~" 영진전문대, 예비 창업인들의 든든한 도우미(《동아일보》, 2013년 12월 20일)

○ 긍정에너지 콸콸…… 대한민국 밴드 ‘들었다 놨다’(《동아일보》, 2013년 11월 21일)

흥미로운 네이밍

홍보팀은 보도자료를 작성하기도 하지만 각종 교내 행사 또는 프로젝트의 기획에도 참여하는 경우가 많다. 이럴 때 네이밍(이름 붙이기)을 잘하면 행사 또는 프로젝트에 직접적으로 도움이 되기도 하고 추후 홍보에도 도움이 된다. 대부분 교내에서 벌어지는 다양한 기획물들은 정보의 나열인 경우가 많다. 공문에서는 간결하고 명확하게 제목을 사용하기 때문에 건조하고 딱딱한 단어들이 많이 쓰인다. 그런데 이러한 내용을 접할 고객의 입장에서 네이밍하면 좀 더 기억에 남기 쉽고, 입에 오르내리기도 쉽다. 그동안 네이밍을 했던 내용을 정리해봤다. 모두 언론보도까지 이어지는 쏠쏠한 재미를 봤던 네이밍들이다.

학부모 초청 행사 ⇒ ‘엄마는 신입생’ 콘서트

훌륭한 자녀(인재)를 보내주어서 고맙다며 신입생 학부모를 초청하는 자리다. 학교를 소개하고 공연도 보여주고 선물도 준다. '고3 자녀를 둔 엄마도 수험생'이라는 말에서 착안해 자녀가 대학에 입학했으니 고생한 '엄마도 신입생'이라는 의미로 행사명을 지었다. 행사 서두에 자녀가 학부모에게 '작은 일에도 짜증을 내서 미안하고, 수험생활 뒷바라지를 해줘서 고맙다'는 내용의 영상편지를 띄웠다. 해마다 개최되는 이 행사는 학부모와 자녀의 관계를 돈독하게 해주고 학교에 대한 자부심을 갖게 했다.

성균관대 '후원의 집' ⇒ 성대 패밀리 캠페인

대학발전기금을 내는 학교 주변 상가를 '후원의 집'이라고 불렀다. '후원'이라는 단어는 한쪽에서 일방적으로 도움을 준다는 뜻으로 지속성이나 책임감이 부족했다. 학교 구성원이 그 상가를 이용해야 상가가 살고, 상가도 장사가 잘되어야 기부를 할 수 있다는 생각에 '상생'의 의미가 담긴 모금 캠페인 명칭이 필요했다. 고심한 끝에 당시 SBS 리얼 버라이어티 프로그램 〈패밀리가 떴다〉가 인기를 끌고 있어 이를 응용했다. '패밀리'라는 단어는 말 그대로 가족으로 '상생'하자는 의미이기 때문이다. 모금 캠페인 메시지도 쉽게 전달되어 거액의 기부 약정이 이루어졌다. 언론에서도 '성대 패밀리'라는 단어를 기사 제목으로 삼을 정도로 성공적인 네이밍이었다.

1만 명 기부 운동 ⇒ 성균인의 만사형통

　기부자 누적 인원이 3,000여 명에 불과해 막연하게나마 소액 기부자라도 1만 명에 도달하도록 목표를 잡아야 했다. 쉽게 이해되면서 잘 기억나는 명칭이 필요했다. 그래서 활용한 게 사자성어다. '만 명의 사랑이 모이면 형통한다'라는 의미를 담아 만사형통萬事亨通을 중의적으로 사용해 캠페인 제목으로 삼았다. 이후 1년 반 만에 1만 명이 넘는 기부 참여자를 이끌어냈다.

광고 공모전 ⇒ 나는 광고천재다

　방송통신대 학생 중 2030세대가 70퍼센트에 가깝지만 언론에서는 주로 7080세대가 많이 노출되어 대학 이미지가 나이 들게 느껴진다는 얘기가 많다. 방송통신대에 대해 조금이라도 알아보면 그렇지 않다는 것을 쉽게 알 수 있지만 이를 알리기 힘들었다. 그래서 톡톡 튀는 젊은 예비 광고인들의 관심을 끌기로 했다. 광고 공모전을 하면 기본적으로 광고 대상에 대해서 조사를 해야 하기 때문에 학교에 대한 새로운 이미지를 가질 거라는 생각에서였다. 이 당시 광고천재 이제석을 소재로 한 KBS 드라마 〈광고천재 이태백〉이 방영 중이었다. 또한 〈나는 가수다〉를 패러디한 '나는 ○○다'가 한창이었다. 이 둘을 합쳐 만든 것이 '나는 광고천재다'라는 공모전 이름이었다. 결과적으로 715개 팀이 2,000여 건의 작품을 응모해 높은 참여율을 이끌어냈다.

홍보맨이 되면 글을 잘 쓰고 말을 잘한다

최영록 ║ 성균관대학교 홍보 전문위원

보도자료 작성 시 주의점은?

보도자료는 '5W1H'를 기본으로 해 두괄식으로 작성하는게 좋다. '누가(who), 무엇을(what), 언제(when), 어디서(where), 왜(why), 어떻게(how)'는 보도 문장의 철칙이다. 보도자료를 신문기사처럼 완벽하게 작성할 필요는 없다. 기자가 취재할 여지를 한 가지 정도는 남겨놓아야 한다. 기사와 또 다른 점은 한 대학의 사실 하나보다는 여러 대학의 같은 사안을 라운드 업round-up하는 경우가 많다는 것이다. 이런 점을 신경 써 작성해야 한다. 크든 작든 기사로 노출된다면 신뢰도는 전면광고보다도 크다. 따라서 기자의 눈길을 끄는 보도자료 작성은 아주 중요하다. 오타나 탈자, 부정확한 사실, 과장된 표현 등은 절대로 있어선 안 된다.

제목(헤드라인) 달기의 노하우는?

보도자료의 제목(헤드라인)은 명사형으로 최대한 짧게 달아야 한다. 제목은 '거울'이다. 제목만 보고도 무슨 내용인 줄 알게 해야 한다. 간결해야 되므로 조사는 가능한 한 쓰지 않고, 명사형이 좋다. 최대 13자를 넘지 않는 것이 좋다. 연구 결과, 한눈에 읽을 수 있는 글자

수가 13자 이내라고 한다. 한눈에 들어오는 제목을 흔히 '섹시한 제목'이라고 한다. 미인의 늘씬한 외모를 보듯이 제목에 끌려 보도자료 전체를 읽게 만들기도 한다. 그렇다고 하여 내용과 별로 상관없는 '낚시용'으로 제목을 달면 안 된다. 독자와 기자는 한두 번 속지 계속 속지 않는다. 주제목뿐 아니라 부제목도 리드문장처럼 5W1H의 원칙으로 다는 게 가장 좋다. 기관명은 약칭으로 한다. 단, 독자가 바로 알 수 있도록 해야 한다.

홍보맨이 된다면?

홍보를 하면 말을 잘하는 법과 글을 잘 쓰는 법을 배울 수 있다. 사실에 입각한 보도문장을 논리적으로 쓰는 연습을 하기 때문이다. 기자들이 보도자료의 제목과 첫 문장만 봐도 무슨 내용인 줄 알 수 있게 해야 한다. '야마가 없다', '야마를 잘 잡아야지', '야마가 뭐야' 등으로 기자들이 흔히 쓰는 은어 '야마'는 기사의 핵심, 알맹이나 이슈를 뜻한다. 보도자료를 쓸 때에도 늘 '야마'를 생각해야 한다.

리드문leading sentence을 쓸 때 가장 신경 쓰는 것이 확실한 주제어다. 군더더기 없는 문장을 자꾸 쓰다보면 글을 잘 쓰게 된다. 별 상관도 없는 수식어나 과장된 표현 등은 삼가야 한다.

또한 기자들과 대화할 때마다 기사로 노출하고 싶은 현상이나 사안, 휴먼 스토리 등을 어떻게 잘 설명할까 고민하게 된다. 글처럼 말도 '핵심 포인트'가 중요하다. 기자의 취재 욕구를 자극할 수 있어야 한다. 한편 부정적인 사안을 취재하려는 기자들에게 감정을 상하게 하지 않으면서 최대한 솔직하게 답변하는 요령도 익혀야 한다. 답변이 궁하면 화제를 사회적인 트렌드나 취미생활 등으로 돌릴 줄도 알아야 한다.

홍보맨이 갖춰야 할 점은?

홍보맨은 친절·겸손·교양·내공을 갖춰야 한다. 먼저, 언행에 있어 친절이 몸에 배어야 있어야 한다. 전화나 대화할 때 친절하고 겸손한 자세가 중요하다. 밝은 전화 목소리는 기가 그대로 전달돼 상대방의 기분도 좋게 만든다. 기자가 조금 거칠고 매너가 없게 대하더라도 화내지 않고 에둘러 말하는 겸손도 길러야 한다. 홍보맨은 소속한 기관의 얼굴이자 화자(스피커)다.

홍보맨은 또한 업무적으로나 상식적으로도 교양인이어야 한다. 대학 내 기사가 될 만한 일들에 대해서는 완전히 파악하고 있어, 무슨 질문을 해도 당당하게 얘기할 줄 알아야 한다. 요즘 기자들은 좋은 기사 소재를 주는 것을 최고로 평가한다. 그들이 사회면 톱을 장식하면 그만큼 능력을 인정받기 때문이다. 꼭 소속기관이나 단체에서 발생하는 기사가 아니어도 사회면 톱이 될 만한 소스를 제공하면 그만큼 호감을 갖게 된다. 이런 유대 강화는 부정적인 뉴스가 발생할 때 기사 삭제, 제목 순화 등의 효력을 발휘할 수도 있다.

석·박사 학위를 취득하는 것도 좋은 방법이다. 그만큼 전문성이 생기고, 권위와 신뢰도 인정받는다. 홍보맨은 경찰서 출입뿐 아니라 교육부, 교육청 출입기자, 과학전문기자, 사진기자, 학술담당기자, 논설위원, 심지어 스포츠부 기자를 상대하기도 한다. 잡학 만물박사가 되어야 하는 까닭이 여기에 있다. 그들과 대등하게 대화를 나누며 정보를 제공하는 수준에 이르러야 한다. 기회가 닿으면 홍보맨 스스로 전공서적이나 실용서, 에세이류 등의 책을 펴내면 더욱 좋다. 그만큼 여러 방면에 '내공'이 있다는 것을 자타가 공인하기 때문이다.

후배 홍보맨들에게

홍보를 흔히 '밑져야 본전'이라고 말하지만, 기자로 20년, 대학홍보 전문가로 10년 이상 일해본 사람으로서 말하자면 아니라고 생각한다. 덕을 쌓는 일이라고 할까. 나(홍보팀)를 통해서 개인의 휴먼 스토리나 연구업적 등이 신문이나 방송, 잡지 등 언론매체에 비중 있게 보도됨으로써 개인이나 학교의 위상이 높아지는데, 어찌 밑져야 본전인가. 단과대학이나 교직원, 교수 들의 감사와 칭찬을 받다보면 우쭐해지기도 한다. '적선지가積善之家 필유여경必有餘慶'[21]이란 말처럼, 홍보를 오래 하다보면 개인적으로도 좋은 일이 있을 것이다. 홍보맨이여! 자부심을 갖자.

---

21 『주역(周易)』에 나오는 말로, 착한 일을 많이 한 집안에는 후손에게까지 미치는 경사가 있다는 뜻.

157

20 시간은 금, 타이밍은 다이아몬드

대학마다 경쟁이 치열하다. 그렇기 때문에 타 대학을 경쟁상 대로 삼는다. 하지만 언론보도에서 경쟁상대는 타 대학만이 아니 다. 한정된 지면을 노리는 모든 기관, 기업까지도 포함된다. 예를 들어 밸런타인데이 시즌을 보자.

기업은 초콜릿으로 커다란 조각을 만들거나 예쁜 도우미를 앞 세워 지면을 장식하려고 한다. 기관들은 이 타이밍을 활용해 '초 콜릿을 통한 사랑 나눔'이라는 기사를 통해 복지행정을 노출하고 싶어 한다. 대학은 '상업적인 사랑 고백은 싫어'라고 외치듯 대학 생들이 떡케이크나 봉사활동 등으로 사랑 이야기를 보여주고자 한다. 이렇듯 기념일 하나에 여러 단체가 지면을 차지하기 위해 열띤 경쟁을 한다. 그만큼 기사화되기 어렵다. 하지만 다른 측면 에서 보면 학내 행사 외에도 보도자료로 쓸 만한 소재들이 다양하다는 의미이기도 하다. 학사일정 외에 달력에 나와 있는 기념일, 국경일, ○○날 등 얼마나 많은 소재가 있는가. 즉, 타이밍을 잘 활용하면 비싼 지면을 우리 대학의 이야기로 장식할 수 있다.

'시간은 금'이라는 말이 있기는 하지만 언론에서는 '타이밍이 다이아몬드'다. 아침에 눈을 뜨면 물을 마시고 양치를 하고 세수를 하고 밥을 먹듯이 정해진 시간에 나와야 할 기사가 있다. 그때에 맞춰 '보도자료'를 주면 기자들은 그야말로 '땡큐' 하는 것이다.

"성년의 날인데 학교에서 관련 행사 하는 거 있어요?"

"졸업앨범 시즌인데 촬영하는 학생들 있어요?"

가끔 기자들이 전화해서 이렇게 묻는다. 때가 때인 만큼 기자들도 필요한 아이템인 것이다.

대학에서 말하는 '타이밍 보도자료'란 입학, 졸업, 중간·기말고사, 축제, 수시, 정시 등의 학사일정에 관한 스토리텔링을 말한다. 이것만이라도 제대로 지킬 수 있다면 홍보맨으로서 B학점을 받을 수 있다. 이러한 학사일정 보도자료는 많은 대학들이 기본적으로 내는 것들이기 때문에 그만큼 경쟁이 치열하다. 그래서 좀 더 세부적인 전략을 짜야 한다.

먼저, 달력에 있는 일명 국경일이나 명절인 '빨간 날'부터 시작한다. 설날, 3·1절, 제헌절, 한글날, 광복절, 현충일, 6·25, 추석 등이 있다. 설날이나 추석 등에는 귀성 학생들이 버스를 타기 위해 줄 선 모습과 고시 등 여러 이유로 학교 도서관에 남아 공부를 하는 모습을 대조해 이야기를 만들 수 있다. 각종 국경일에는 그

성격에 맞는 교내 행사나 인물을 찾아 기사를 만들어 배포한다. 여기까지 했다면 A학점이다.

마지막 단계 고난도의 타이밍은 달력에 연하게 나와 있는 다양한 기념일들이다. 부부의 날, 성년의 날, 장애인의 날, 과학의 날, 노인의 날 등 공휴일은 아니지만 나름 의미 있는 날이기 때문에 기사로 만들면 받아들여질 확률이 높아진다. 여기까지 챙겨야 A$^+$라 할 수 있다.

5월을 보자. 가장 많은 기념일과 행사가 있는 달로 스승의 날, 어버이날, 어린이날, 근로자의 날 등 다양하다. 이때를 잘 활용해야 한다. 대학마다 스승의 날 행사로 스승이 제자들을 위한 '세족식'을 많이 한다. 예수가 제자의 발을 씻겨준 데서 가져온 행사다. 유행처럼 번져나가 많은 곳에 기사로 나왔다.

다음은 어버이날이다. 학생들이 청소 등 가장 힘든 일을 도맡아 하는 미화원 아주머니들에게 선물을 전달하는 방식으로 어버이날의 의미를 표현해 보도가 많이 되었다. 어린이날에는 학생들이 고아원 등에서 봉사활동을 하는 모습이 자주 노출된다.

성균관대의 경우 4월 식목일의 단골기사는 무궁화 박사인 심경구 명예교수 관련 기사였다. 무궁화로 대한민국 지도를 만들고 여러 학생들이 한꺼번에 모여 형형색색의 큰 그림을 만들었기 때문이다.

연간 기념일 · 국경일 · 24절기

날짜		기념일 · 국경일	24절기(음력)
1월	1일	신정	소한/대한/설날/정월대보름
2월	14일	밸런타인데이	입춘/우수
3월	1일	삼일절	경칩/춘분
	3일	납세자의 날	
	8일	세계 여성의 날	
	14일	화이트데이	
	19일	상공의 날	
	22일	세계 물의 날	
4월	1일	만우절	청명/한식/곡우
	4일	향토예비군의 날	
	5일	식목일	
	7일	보건의 날	
	19일	4 · 19혁명기념일	
	20일	장애인의 날	
	21일	과학의 날	
	22일	정보통신의 날	
	22일	지구의 날	
	25일	법의 날	
5월	1일	근로자의 날	입하/소만
	5일	어린이날	
		석가탄신일(음력 4월 8일)	
	8일	어버이날	
	11일	입양의 날	
	12일	자동차의 날	
	15일	스승의 날	
		세계 가정의 날	
	18일	5 · 18민주화운동 기념일	
	19일	성년의 날	
	21일	부부의 날	
	25일	방재의 날	
	31일	바다의 날	
		세계 금연의 날	
6월	1일	의병의 날	단오/망종/하지
	5일	세계 환경의 날	

월	일		
	6일	현충일	
	10일	6·10민주화항쟁기념일	
	14일	키스데이	
	18일	건설의 날	
	25일	6·25한국전쟁	
7월	17일	제헌절	소서/초복/중복
8월	15일	광복절	칠석/말복/입추/처서
	22일	에너지의 날	
9월	4일	태권도의 날	추석/백로/추분
	7일	사회복지의 날	
	10일	해양경찰의 날	
	18일	철도의 날	
	27일	관광의 날	
10월	1일	국군의 날	한로/상강
	2일	노인의 날	
	3일	개천절	
	8일	재향군인의 날	
	9일	한글날	
	5일	체육의 날	
	8일	문화의 날	
	21일	경찰의 날	
	24일	국제연합일	
	25일	독도의 날	
	28일	저축의 날	
	31일	할로윈데이	
11월	9일	소방의 날	입동/소설
	11일	농업인의 날	
	11일	빼빼로데이	
	17일	순국선열의 날	
12월	3일	소비자의 날	대설/동지
	5일	무역의 날	
	10일	세계인권선언일	
	14일	허그데이	
	25일	성탄절	
	27일	원자력의 날	

이렇듯 홍보팀이 기획을 해서 행사를 하지 않더라도 교내에서는 다양한 행사와 의미 있는 퍼포먼스가 펼쳐진다. 역시 잘 찾아서 활용해야 한다. 홍보맨이 스스로 움직이면 소재는 무궁무진하다("청주대 성인의 날 대규모 헌혈 행사", YTN, 2012년 5월 21일; "어린이날 한남대 개방", ≪경향신문≫, 2012년 5월 3일; "광주대 음대, 어린이날 클래식 선물", ≪경향신문≫, 2012년 5월 4일; "군산대 효 나눔 실천행사", ≪경향신문≫, 2011년 5월 4일; "대전 목원대생, 10년째 소록도 찾아 '소외된 삶' 보살피다", ≪국민일보≫, 2011년 5월 10일).

21 작은 아이템을 묶어라

홍보팀에서 업무를 하다보면 여러 사람을 보게 된다. 그중 취재원으로서 가치가 있는 사람을 만나기도 한다. 하지만 막상 이야기를 나누면 이야기의 핵심이 잡히지 않아 쉽게 기사로 만들기 힘든 경우가 있다. 그렇다면 일단 휴먼 스토리 북(휴먼 스토리를 모아둔 폴더)에 담아둔다. 독립된 이야기만으로는 약하지만 여러 명을 묶으면 트렌드로 보일 수 있다. 당장은 아니지만 언젠가는 활용할 수 있다.

혼자가 아닌 여럿으로

홍보 소재 발굴을 위해 검색하던 중 2010년에 최연소인 14세에 입학한 K학생의 기사를 발견했다. 시간이 흐른 상태여서 '이 학생은 과연 학교를 잘 다니고 있을까?', '방송통신대의 학습 시스템은 잘 맞았을까?' 등 여러 가지 궁금증이 떠올라 바로 전화를 했다. 그는 무척 밝은 목소리로 답했다. 당시 나이가 18세였지만 대화 수준은 20대 후반의 보통 남자 대학생보다도 높았다.

"잘 지내시죠? 어떻게 지내세요?"

"지금 울릉도에서 문화유산국민신탁 직원으로 근무하고 있어요"라며 그는 힘찬 목소리로 대답했다.

"울릉도요?"

호기심과 함께 무엇인가 재미있는 이야기가 나올 거라 확신했다. 몇 마디 더 이야기를 나눈 후 C신문사 L기자에게 전화를 걸었다. "울릉도 소년이라는 아이템이 있어요. 어때요?"

L기자는 지방 출장 중이라며 대신 동기 기자를 보내기로 했다. K학생이 시험을 보러 서울에 온다고 해서 '급파'한 것이다. 인터뷰는 2시간 정도 진행되었다. 나도 함께 동석해 이야기를 들었다.

이야기의 요지는 이렇다. 형제가 4남매인데 큰형이 수재여서 공부를 잘했고, 아래 동생 두 명을 스파르타식으로 공부시켜 모두 서울대에 보냈다. 반면 자신은 큰형이 꽉 잡지도 않았고 호기심이 많아 스스로 공부하는 길을 택했다는 것이다. 그의 부모는 공부를 우선순위에 두지 않고 자유롭게 다양한 경험을 할 수 있도록 스스로 움직이게 하는 스타일이었다. 울릉도에 간 이유는 부모가 이사를 해 따라간 것이고, 문화유산국민신탁에서 근무하게 된 경위는 직원을 뽑기에 지원해 되었다는 이야기다. 중간에 농사를 짓거나 중장비를 다뤘다는 등 다양한 이야기를 했다. 검도가 취미고, 악기도 클라리넷, 바이올린뿐만 아니라 단소도 다룬다고 했다. 장황한 이야기가 끝났지만 소위 '야마'는 없었다. 아니나 다를까. 길고 긴 인터뷰였지만 기사가 되지 않았다. 분명히 특별한 이야기가 있을 거라고 예상했지만 특별한 삶이 아니라 물 흘러가듯 주어진 환경에 최선을 다하는 스타일이었기 때문에 이야기의 중심을 잡기 힘들었던 것이다.

2013년에도 어김없이 14세 신입생 H학생이 입학했다. 촉이 섰다. 분명 이야기가 있을 거라 짐작했다. 먼저 휴대전화로 전화했지만 받지 않아 집으로 전화했다. H학생 어머니인 Y씨가 받았다. 일단 입학을 축하한다며 입학 경위를 물어보았다. H학생은 수재라고 했다. 어릴 때부터 언어 능력이 뛰어나 영어, 중국어, 일본어를 독학으로 뗄 정도였다. 그의 부모는 이런 H학생을 천편일률적인 교육 방식에 놓아두면 흥미를 잃을 것이라고 판단해 초등학교 2학년 때 학교를 그만두게 하고 홈스쿨링을 시작했다.

"H는 스스로 공부하는 것을 좋아해요. 외국어도 책이나 영화 등을 보면서 따라 하더니 잘하더라고요"라고 어머니는 말했다. 반도체 연구원인 아버지와 석사과정을 밟고 있는 어머니는 H학생의 진로 선택에 만족했다. "빨리 대학에 입학했지만 이후 더 많은 기회가 있을 것"이라고 말했다. 여기까지가 최연소 입학생 H의 이야기였다. 하지만 역시 단독으로 휴먼 스토리 기사를 이끌고 가기에는 부족했다. 아쉽지만 역시 그냥 휴먼 스토리 북에 넣어두었다.

이런 식으로 휴먼 스토리 북에는 호기심은 가지만 단독으로는 기사가 될 수 없는 사연들을 보관했다.

166

그렇게 시간이 지났다. 방송통신대는 그간의 이미지를 벗고 젊은 이미지로 쇄신해야 한다는 과제가 있었기 때문에 십대들을 소재로 한 기사가 필요했다. 그러던 중 D신문사 H기자를 만났다. 식사를 하면서 서로의 안부를 물었다. 우리는 최근 입시 문제에 대한 고민을 나누며 허심탄회한 이야기를 나누었다.

"우리 대학이 지향하는 이미지 중 하나가 젊은 이미지예요. 17세 이하의 어린 친구들이 많이 입학하는데 어떻게 이들의 입학을 긍정적으로 풀 수 있을까요? 어린 친구들은 검정고시를 통해 많이 입학하더라고요. 집에서 부모님하고 공부하는 '홈스쿨링'을 통하기도 하고요. 참! 홈스쿨링으로 이 친구들을 묶으면 어떨까요?"

한참을 귀 기울여 듣던 H기자는 긍정적인 반응을 보였고, 우리는 서로 뜻이 통했다는 눈빛을 교환했다. 사실 기자들은 일명 '촉'이 있기 때문에 홍보맨은 이런저런 아이템을 기자 앞에서 주저리주저리 늘어놓는 것이 좋다. 그중에 기자의 관심을 끌 만한 것도 있을 수 있고, 머릿속에 있던 아이템을 가볍게 검증받아 볼 수도 있다.

'홈스쿨링'이라는 아이템이 일단 정해지자 일사불란하게 움직였다. '휴먼 스토리 북'을 뒤졌다. 그동안 묵혀두었던 '어린 학생'들을 조사했다. 앞의 두 사연 외에 세 가지 사연을 더 찾았다. 강원도에 있는 학생, 경남의 자매, 경기도의 쌍둥이가 있었다. 모두 부모의 뚜렷한 교육 철학을 느낄 수 있는 사례들이었다. 학생들이 전국에 흩어져 있어 사진을 찍기가 힘들었다. H기자는 당사자에게 사진을 받기로 하고 취재를 시작했다. 마침내 "원하는 공부하려고 교실 대신 옆길로 샜죠, 방송통신대 진학 3인의 홈스쿨링 스토리"(≪동아일보≫, 2013년 3월 27일)라는 타이틀로 기사가 전면으로 실렸다.

다시 한 번 휴먼 스토리 북의 중요성을 느끼는 대목이다. 이렇듯 홀로 서기 힘든 아이템도 잘 묶이면 커질 수 있다.

22 극과 극을 묶어라

　방송통신대는 2030세대의 젊은 학생들이 훨씬 많지만 고령자들이 만학의 꿈을 실천하는 모습이 감동을 주기 때문에 더 자주 기사화되곤 한다. 해마다 최고령자 입학, 최고령자 졸업, 최고령자 만학의 꿈 등 기사 소재가 끊이지 않고 지면을 확보하는 데 일등 공신이 되고 있다. 하지만 계속 같은 흐름이라 학교의 이미지도 나이 들게 느껴지고 홍보 담당자나 기자 입장에서도 식상한 아이템으로 느껴졌다. 새로운 접근이 필요했다.

　대학로의 한 카페에서 Y통신사 K기자를 만났다.

　"요즘 휴먼 스토리 지겹죠? 그것도 계속 만학의 꿈만 나오니"라며 슬쩍 떠봤다.

　"맞아요. 휴먼 스토리가 많이 밀려 있어요. 시즌이 시즌인 만큼"이라며 흥미를 보이지 않았다.

"그럼 이번에 졸업하는 최연소와 최고령을 만나서 둘의 대화를 들어보면 어떨까요?"라고 물었다.

"그러고요?"

살짝 관심을 가졌지만 혹한 정도는 아니었다. 말을 이었다.

"조사해보니 최고령은 명문대 출신에 CEO를 하던 분이고, 최연소 졸업생은 대안학교를 나와 생태 청정 지역에서 공부한 학생이더라고요."

"오, 괜찮은데요. 해보죠."

K기자는 흔쾌히 대답했다.

8월 졸업이었기 때문에 그해 여름 중 가장 더운 날이었다. 최연소 졸업생인 H씨는 자신이 살았던 환경에 대해 만족해했다. 앞으로 정해진 길은 없지만 이제 갓 20세에 대학을 졸업한 상태였기 때문에 다양한 경험을 해보겠다고 했다. 한편 76세 S씨는 해보고 싶은 것을 다 해봤다며 일본 책 읽기가 좋아 공부를 다시 하기로 마음을 먹었다고 했다. 한 시간가량의 인터뷰가 끝나고 둘은 교정에서 다정한 포즈로 사진을 찍었다.

타이틀은 "시골 소녀와 CEO 졸업". 이처럼 예쁘고 재미있는 타이틀로 통신사에서 기사를 띄웠다. 반응은 좋았다. 여러 종합일간지에서 다루어졌다. 극과 극의 만남은 통했다("76세 전직 CEO 배움은 끝이 없죠, 20세 산골 아가씨와 동창 되다", ≪조선일보≫, 2012년 8월 28일).

이번에는 76세 할머니가 입학했다. 어린 시절부터 공부를 잘해 계속 공부하고 싶었지만 딸이라는 이유로 우선순위에서 밀렸던 P할머니. 초등학교 졸업 후 몇 년간 집안일과 농사일을 돕다가 우수한 성적으로 중학교에 합격해 간신히 공부할 기회가 생겼지만, 전쟁이 나는 바람에 그마저도 중단하게 되었다. 그렇게 세월은 흘렀다. 결혼하고 자식을 뒷바라지했다. 노년이 되면서 자식들이 자리를 잡자 할머니는 다시 공부를 하겠다고 마음먹고 도전했다. 중학교와 고등학교를 우수한 성적으로 졸업해 방송통신대에 입학했다.

만학의 도전을 하는 이들의 이야기를 들어보면 누구에게나 구구절절한 사연이 있다. 하지만 사회면에 기사화되기 위해서는 구체적인 삶의 궤적과 함께 사회적 영향력이 있어야 한다. 더구나 바로 얼마 전에 다른 최고령 기사가 나간 직후라 P할머니의 이야기를 받아줄 만한 데가 없었다.

그런데 이 이야기에는 흥미로운 점이 하나 더 있었다. 할머니의 19세 손자가 함께 같은 과인 미디어영상학과에 입학한 것이다. 더구나 같은 스터디그룹에도 가입해 공부하게 된 것이다. '오케이, 이건 된다'고 생각해 S신문사 L기자에게 전화했다(특정 기자에게 같은 카테고리의 기사를 자주 의논하면 진부하게 느껴질 수 있다는 점도 고려할 필요가 있다. P기자와는 초면이었기 때문에 필자에게는 진부한 소재였지만 그에게는 신선했다).

L기자는 좋다고 했다. 학교에서 할머니와 손자를 한 시간가량 취재한 후에 기사가 되었다. 타이틀은 "할머니는 1등이 목표고, 손자는 졸업이 목표랍니다." 역시 극과 극은 통했다("집에선 어여쁜

손자, 대학선 동기", ≪서울신문≫, 2013년 3월 14일).

　이렇듯 아이템을 묶을 때는 극과 극일 경우와 비슷한 소재의 나열 등 다양한 방법을 시도해볼 수 있다. 한번 기사가 된 경우는 다시 기사가 될 확률이 높기 때문에 휴먼 스토리 북에 잘 모아두는 것도 중요하다. 다른 주제에서 다시 취재원으로 활용될 수 있기 때문이다.

23 타 대학과 묶어라

우리 학교만의 아이템을 묶어 큰 기사로 만드는 것도 방법이지만, 타 대학과 묶으면 기사화되기가 훨씬 쉽다. 한 대학의 아이템만으로 기사를 쓰기는 기자들도 부담스럽기 때문이다. 그래서 한 대학의 기사를 가장 크게 다루고 다른 대학의 사례들을 몇 개 보여주는 방식을 많이 사용한다. 이러한 방법은 기자들이 가장 좋아하는 구성방식이다.

대학별 도서 대출 순위에 관한 기사가 보도된 적이 있다. "서울대 『총·균·쇠』 변함없는 인기……주요 대학 도서 대출 순위"(≪서울신문≫, 2013년 7월 22일). 여러 대학 도서관에서 한 학기 동안 가장 많이 대출된 책을 알리는 기사였다. 기사를 보고 서울대 도서관 사이트에 들어가보니 막상 대출 횟수는 기대 이하인 70여 회에 불과했다. 문득 학생 수가 가장 많은 방송통신대의 대출 횟수가 궁금해졌다. 안타깝게도 70여 회보다 더 적었다. 그런데 유의미한 통계자료를 발견했다. 전자책 대출 횟수가 4배 정도 많았다. 사서의 말에 따르면 일반 단행본은 책이 한정되어 있어 인기 도서의 대출은 한계가 있고, 반납이 안 되면 역시 대출이 불가능하기 때문에 자동 반납이 되는 전자책의 대출 횟수가 월등히 높다고 했다. 지난 학기와 대출 증가율을 비교하니 역시 점점 늘어나고 있었다. 바로 Y통신사 K기자에게 전화를 했다.

"얼마 전 대학 도서관 대출 순위 기사 나간 거 봤어요?"

"봤어요."

"서울대에서 1위 한 책은 몇 번이나 대출됐을 거라 생각해요?"

"한 100여 번?"

"70번 정도예요. 생각보다 많지 않아요. 그래서 방송통신대를 알아봤죠. 그보다 적더라고요. 그런데 재미있는 건 전자책은 훨씬 더 많았어요. 그래서 사서에게 물어봤죠……."

기자의 반응은 미지근했다. 그래서 뒷심을 실었다.

"우리 대학만 얘기하는 게 아니고 다른 대학도 알아보는 거예요. 요즘 책 안 본다는 소리가 많고, 전자책에 대한 관심이 높은데 과연 다른 대학도 그런지 같이 묶으면 되죠."

"아, 그거 좋겠네요."

기자의 목소리에 다시 힘이 붙었다. 그는 급한 게 아니냐, 단독으로 달라는 당부와 함께 전화를 끊었다. 아이디어를 준 방송통신대 입장보다는 타 대학의 현황이 주를 이뤘지만 기사는 만들어졌다("스마트 기기 확산에 대학 도서관서 전자책 인기", 연합뉴스, 2013년 8월 5일).

　기자가 여러 대학 기사를 묶는 것을 좋아하는 또 다른 예가 있다. 성균관대는 2005년도부터 신입생 학부모 초청 콘서트 '엄마는 신입생' 행사를 가졌다. 학생들이 대학에 입학하는 데까지 부모의 노력이 지대했음을 공감하고 감사의 시간을 갖는 자리다. 2005년 콘서트에는 오케스트라 공연과 함께 가수 인순이 씨가 게스트로 참여해 관객이 계단에까지 앉아야 할 정도로 폭발적인 반응이었다. 하지만 이러한 개념이 생소했기 때문에 크게 기사가 되지 못하고 동정으로만 실렸다("성균관대 '엄마는 신입생' 콘서트", 연합뉴스, 2005년 3월 8일).

　하지만 이 행사는 입소문으로 다른 대학에도 알려지면서 이후 문의가 많았다. 몇 년이 지나자 대학마다 학부모들을 위한 행사를 벌이기 시작했다. 대학마다 다양한 프로그램으로 행사를 시작하자 언론에서도 사회면에 다루기 시작했다. 아주 독특한 콘텐츠가 아니라면 최초라 하더라도 여러 대학의 기사를 동시에 다루는 것을 좋아하는 언론의 특성을 잘 보여주는 예다. 이렇게 묶어주면 기자나 독자 입장에서도 훨씬 재미있는 기사가 된다. 좋은 아이템을 여러 대학과 나누어 나가더라도 충분히 좋은 것이다("새봄 캠퍼스에 어머니들이 간 까닭은?―대학가 '부모 마케팅' 홍보 톡톡", ≪동아일보≫, 2013년 3월 28일).

스마트 기기 확산에 대학 도서관 전자책 인기

자기계발을 위해 방송통신대에 편입학한 K씨(39), 기말고사를 맞아 도서관에 갔다 새삼 격세지감을 느꼈다. 92학번인 K씨가 처음 대학을 다닐 당시에는 원하는 책을 대출하기 위해 눈치작전이 빈번했다. 몇 권 안 되는 책을 누가 먼저 가져갈세라 수업이 끝나자마자 도서관으로 뛰곤 했다. 하지만 이제는 더 이상 뛸 필요도, 연체료 등의 페널티 걱정도 사라졌다. 전자책 덕분이다.

방송통신대 중앙도서관에 따르면 최근 컴퓨터나 스마트폰 등으로 책을 볼 수 있는 전자책 이용자가 급격히 늘고 있다. 중앙도서관의 2013년 1학기 전자책 이용건수는 7만 2,326건으로 단행본, 연간물, 참고도서, 학위논문 등의 종이책을 이용하는 1만 6,623건에 비해 4.3배 높다. 특히 2011년부터 도입한 스마트폰 서비스의 이용자 증가세가 두드러진다.

지난 2011년 6,051건에서 지난해에는 1만 291건으로 증가했다. 전자책의 확대는 대학 도서관 이용 패턴을 바꾸고 있다. 종이책의 경우 직접 대출 및 반납을 위해 방문해야 하지만 전자책은 그럴 필요가 없어 도서회전율을 높였다. 전자책은 DRMDigital Rights Management (저작권 보호 기술)으로 보호하여 유효 기간이 지나면 자동으로 회수된다. 학생들은 도서관 방문 없이 도서관 사이트에서 대출한 뒤, 기간 내에 읽을 수 있다. 또한 장서를 진열·정리·관리하는 데 드는 인력과 장소의 한계를 벗어나 보다 많은 책을 보유할 수 있게 되었다. 현재 방송통신대가 보유한 전자책은 15만 6,641권으로 계속해서 확대·보급할 예정이다. 전자책으로 대출되는 순위를 살펴보면, 학술도서보다는 자기계발서 및 문학작품 등의 베스트셀러에 집중돼 있다. 이는 언제 어디서나 책을 읽을 수 있는 전자책의 특성상 일상에서 접하기 쉬운 베스트셀러를 이용하는 것으로 해석된다.

도서관 직원은 "스마트폰, 태블릿 등의 대중화에 따라 전자책의 이용이 증가된 것으로 보인다"며 "학생들의 정보 접근 및 활용 기회 확대를 위해 전자책 서비스를 활성화하겠다"고 말했다.

방송통신대 보도자료(2013년 8월 5일)

24 가십도 기사다

　대학의 유명세와 서열대로만 언론보도가 된다면 기사화될 수 있는 대학은 손에 꼽힐 것이다. 분명 유명 대학의 기사가 많이 다루어지는 것은 사실이지만, 그 틈새를 비집고 많은 대학들이 개별 특성을 바탕으로 언론에 노출되고 있다.

　그중 하나가 바로 가십gossip이다. 과연 이러한 기사들이 대학 이미지를 구축하는 데 도움이 될까 의구심을 가질 수 있을 것이다. 가십을 너무 가볍고 신변잡기적이라며 부정적으로 생각하는 경우가 있는데, 대학 홍보맨은 '가십도 기사'라는 것을 받아들여야 한다. 무엇을 알리는 데는 일명 '무플(댓글이 없음)'보다 '악플(부정적 댓글)'이 낫다고까지 하지 않는가. 물론 대학이 악플을 양산하라는 것은 아니다. '자주 노출되어 들어본 대학'으로 남는 것을 선택하라는 뜻이다. 가능하면 어떤 식으로든 많이 노출되어야 한다. 자

178

주 들어보아야 알기 때문이다. 이러한 가십을 예전에는 스포츠신문들이 주로 담당했다. 최근에는 인터넷 매체들이 이런 역할을 하고 있다("윤아 이승기와 열애 인정, 알고 보니 동국대학교 동문", ≪스포츠조선≫, 2014년 1월 1일; "유연석 캠퍼스 등장, 팬심 흔드는 '훈훈한 외모'"(세종대), ≪조세일보≫, 2013년 11월 22일).

대학생 인턴기자들이 활동하는 매체들도 눈여겨볼 필요가 있다. 대학생에게는 기자 경험을 쌓아 좋고, 언론사는 캠퍼스에서 일어나는 다양한 현장 정보를 손쉽게 구할 수 있는 장점이 있어 많은 언론사들이 인턴기자를 뽑고 있다. ≪중앙일보≫, ≪조선일보≫, ≪동아일보≫뿐만 아니라 ≪헤럴드경제≫, ≪대학내일≫, ≪이데일리≫, ≪CBS노컷뉴스≫, ≪오마이뉴스≫, 뉴스1, 등 종합일간지, 통신사, 인터넷언론사를 막론하고 대학생 인턴 기자들이 존재한다.

이들의 기사 중에는 고발성 기사도 있지만, 캠퍼스 내에서 벌어지는 소소한 일들을 대학별로 묶어 기사를 내는 경우가 종종 있다("화장실서 혼자 밥 먹는 대학생들", ≪동아일보≫, 2014년 3월 18일; "대학 창업 강좌가 늘어난다"(건국대, 연세대, KAIST), ≪전자신문≫, 2013년 2월 7일; "대학 학생식당'가격도 저렴, 맛도 저렴?'"(홍익대, 한국외대, 가톨릭대 등), ≪노컷뉴스≫, 2013년 1월 24일; "취업난에 짝 찾기도 빠듯……'온라인 큐피트'에 SOS"(중앙대, 부산대), ≪중앙SUNDAY≫, 2013년 12월 1일; "무대에서 나와 캠퍼스를 점령한 연극…… 서강대 〈미라클〉", ≪경향신문≫, 2012년 9월 8일).

보도자료를 배포할 때 이러한 가십성 기사를 좋아하는 매체들을 따로 분류해 관리할 필요가 있다. 한편, 관련 없는 기자에게 엉

뚱한 이메일을 보내면 스팸 같은 느낌이 들어 대학 이미지에 부정적인 영향을 줄 수 있으므로 주의해야 한다.

보도자료 내용에 따른 배포 대상

구분	내용	기자 정보 수집 방법
교육부(교육청) 출입	교육정책 관련, 총장 인터뷰, 연구 결과, 대학 지원금, 대학 평가, 등록금, 입시제도 학술 관련, 연구, 논문, 출판 등	해당 기자실
경찰서 출입	대학 내 사건 사고 미담, 휴먼 스토리, 특이 졸업생, 신입생, 행사 등	경찰서 기자실
동정(광고 담당)	총장, 보직자 인사, 취임, 당선, 부고 등 동정	언론사 홈페이지
인터넷 매체	캠퍼스 기사, 설문조사, 학생 연예인, 학생 트렌드 등	언론사 홈페이지
전문지	전자신문, 농업신문, 의협신문 등 매체 특성에 따른 아이템	언론사 홈페이지

25 대학기사가 실리는 면을 알자

　신문은 정치, 경제, 사회, 교육, 문화, 인물, 국제, 스포츠, 연예 등 기사의 성격에 따라 다양한 지면으로 나뉜다. 그중 대학기사는 주로 사회면, 교육면, 인물면에 실린다. 기사의 성격에 따라 실리는 면이 정해지나 '사람 이야기'의 경우 사회면에 실릴 때 분량이나 파장이 가장 크다고 보면 된다.

　사회면: 사건, 사고, 미담을 주로 다루는 면이다. 같은 사안이라도 사회면에 실리면 좀 더 비중이 있다고 본다. 대학 관련 기사임에도 사회적으로 영향이나 감동이 있다고 보는 경우 사회면에 실린다.

　교육면: 교육과 직접적으로 관련된 내용을 다루는 면이다. 정책이나 제도 등을 주로 다루고, 인물을 다룰 경우에는 감동보다는

교육 트렌드 중심의 기사가 주로 실린다. 언론사에 따라 교육면을 별도로 가진 곳이 있고 없는 곳도 있다. 교육면을 발행하는 요일도 모두 다르다. 이마저도 수시로 바뀌지만 알아놓고 있으면 기자들에게 보도자료를 제공하거나 이야기를 나눌 때 기사화되기가 수월해진다. 사회면과 달리 발행 요일에 며칠 앞서 마감되므로 그 흐름을 알고 있으면 좋다.

언론사별 교육면 발행 요일

발행요일	언론사
월요일	세계일보, 조선일보(섹션), 아시아투데이(2~3주 간격)
화요일	서울신문, 동아일보(섹션, 비정기적), 한겨레신문,
수요일	경향신문, 한국경제신문, 중앙일보(섹션, 월1회), 아시아경제신문
목요일	동아일보, 문화일보(비정기적),

인물면: 관심을 끌 만한 사람의 이야기를 담는다. 감동보다는 사실 중심으로 기사를 다뤄 분량이 많지 않다. 동정으로 나갈 때는 30자 정도의 기사가 나가기 때문에 분량이 더 적다.

26 데이터(설문, 통계)를 활용하라

데이터를 활용한 기사는 독자의 관심을 끌기 쉽다. 이런 이유로 다양한 설문조사 결과를 토대로 한 기사가 많다. 가십성으로 '바캉스에 함께 가고픈 연예인', '사위 삼고 싶은 직업' 등의 설문을 해 보도자료를 내는 이유가 여기 있다. 꼭 알아야만 하는 정보는 아니지만 사람들의 호기심을 자극하기에 충분하다.

대학에서도 다양한 설문조사가 가능하다. 이런 경우 한 대학만으로 기사화되기 어렵기 때문에 앞서 말했듯 몇 개 대학이 연합하면 더욱 좋다.

설문이 가능한 아이템들을 정리해보았다.

학생들의 관심사를 보자.
ㅇ 도서 대출 선호도, 특이 강의, 선호 강의(이유)

○ 취업 선호 회사(직업), 선호 아르바이트(계절별)

○ 소개팅하고 싶은 대학생 연예인

○ 선호 해외 봉사활동지, 배낭여행지

○ 선호 데이트 지역

○ MT · OT 관련 트렌드

실제로 이러한 설문조사를 취업, 아르바이트 사이트에서 많이 한다. 아무래도 여러 대학의 학생들이 많이 이용하다보니 보편적인 질문을 하기가 쉬워서일 것이다. 간단히 설문조사를 하고 보도자료를 내는 방식이다. 적게는 몇 백 명에서 많게는 몇 천 명까지 참여한다.

이러한 아이템을 학교에서 조사한다면, 취업과 관련한 기사들은 교내 경력개발센터(취업 지원팀)에서 학생들을 대상으로 설문조사를 할 수 있다. 주목성을 위한 연예인 관련 내용은 동문, 재학생 연예인 중에서라는 단서를 달아도 좋을 듯하다. 동문회와 연계해 사위나 며느리 삼고 싶은 동문 후배 연예인을 물어보는 설문도 흥미를 끌기에 충분하다("대학생 선호 1위 기업에 男 기아차 · 女 대한항공", SBS, 2013년 8월 12일; "대학생 직장 선호 1위 삼성전자······ 2위는 의외?", ≪스포츠조선≫, 2013년 7월 5일; "대학생 선호 아르바이트 선호 기업······ 역시 이 회사?" ≪경향신문≫, 2011년 9월 30일; "송중기 · 수지, 깜짝 데이트 하고 싶은 최고의 연예인", ≪OSEN≫, 2013년 5월 20일; "대학생의 인기 해외 여행지는 일본〉미국〉유럽 일대", ≪노컷뉴스≫, 2013년 8월 8일; "복학생에 대한 편견 1위 '이제 정신 차리고 공부하겠지?' 서러움

1위는?", ≪한국경제TV≫, 2013년 10월 4일).

학생들의 트렌드나 변화된 모습으로 아이템을 키울 수도 있다.

○ 과거와 현재의 변화(도서관, 카페, 화장실, 낙서, 강의실)
○ 모바일 관련(한 달 요금, 독서 방법, 게임)
○ 데이트 때 주로 가는 지역, 데이트 때 주로 하는 일
○ 대학생이 선호(싫어)하는 남녀 대학생 패션

데이터 기사를 작성할 때는 다음 몇 가지 규칙을 적용하면 보도될 확률이 높아진다.

첫째, 아이템은 타이밍과 맞아떨어질 때 훨씬 더 빛을 발한다. 대학생 트렌드나 관심사는 완벽한 가십 기사이기 때문에 시의적절한 보도자료 노출이 중요하다. 큰 사건이 터지지 않는다면 가볍게라도 다룰 수 있기 때문이다. 학사일정, 달력에 특별한 이벤트가 없는 경우 미리 준비했다가 보도자료를 간간이 내보내면 효과를 볼 수 있다.

둘째, 설문 자체를 참여자들이 즐길 수 있도록 한다. 공지 형식의 딱딱한 방식보다는 쉽고 재미있게 조사해야 참여도가 높다. SNS와 연결하면 더욱 좋다.

셋째, 다른 대학들과 공동으로 보도자료를 작성하면 더욱 좋다. 한 대학에서만 학생들의 반응을 조사하면 참여 숫자에 한계가

있다. 또한 학교 특성을 담고 있어 보편적인 조사 결과라 평가받기 어렵다. 협조 관계를 맺고 있는 대학들과 공동으로 기획해 설명하면 독자 입장에서는 비교해보는 맛이 있어 더욱 재미있다. 기자들도 가장 선호하는 형태다.

넷째, 온라인 신문사, 학생기자단 등을 관리해 보도자료를 배포한다. 유머, 트렌드 기사는 온라인 신문에서 일괄적으로 다루며 실시간 검색어 1위, 핫 토픽 등으로 관심몰이를 할 수 있다. 대학 기사가 실시간 검색어 1위를 하기란 쉬운 일이 아니기 때문에 이러한 매체와 기자를 잘 관리해야 한다.

이 외 학생들의 개별적 자료(데이터)를 파악해 기사화하는 것도 방법이다.

- ○ 입시 지원 분석(지역별, 남녀, 나이, 출신고 등)
- ○ 등록금 납부방법(부모, 대출, 아르바이트 등)

학생들을 분석하는 기사는 때가 되면 꼭 보도된다. 서울대에 입학한 학생들이 사교육을 받은 비율, 지방 출신 비율 등 치열한 입시경쟁을 뚫고 들어간 학생들의 면모가 궁금하기 때문일 것이다("서울대 신입생, 10명 중 8명 사교육 받아", 뉴스1, 2013년 7월 28일). 방송통신대의 경우 4050세대 입학생이 늘고 있다. 제2의 인생을 준비하는 사람들이 늘어나고 있음을 보여주는 것이다. 이 또한 언론에서 많은 관심을 보였다("귀농 꿈꾸는 시민, 방송통신대 대거 몰려 4050세대 제2

인생 관심", ≪매일경제≫, 2013년 7월 19일). 학생들의 추이를 통해 트렌드를 알게 하는 아이템을 발굴하면 우리 대학의 이름을 노출할 수 있는 좋은 기회가 될 것이다.

27 '꺾어지는 해'를 잡아라

　대학의 개교 행사는 대학 내에서 큰 의미를 갖는다. 하지만 언론 입장에서 보면 이는 여러 행사 중 하나일 뿐 큰 관심 대상이 아니다. 그나마 일명 '꺾어지는 해'라고 불리는 10주년, 20주년과 더 큰 50주년 등은 조금 나은 편이다. 그렇다고 그냥 행사만 치른다면 역시 동정 이상의 기사가 되기 힘들다. 이럴 때 '기사화'시키는 몇 가지 방법이 있다.

총장을 인터뷰하라
　총장이 유명인이라면 더욱 좋다. 총장의 근황에 대한 세간의 관심도 있고, 사회 리더로서 고견을 듣는 것도 의미가 있기 때문이다. 대학마다 지역 사회나 국가에서 지식인을 양성하는 역할을 했기 때문에 이와 관련한 총장 인터뷰는 사회적으로도 의미가 있다. 특히 '꺾어지는 해'에는 비전을 발표하기 때문에 이야깃거리도 풍부하다. 이때 홍보맨은 인터뷰에 앞서 예상 질문을 받아 미리 답변을 준비해 총장에게 보고해야 한다. 또한 기자에게는 대학이 보여주어야 할 부분을 일목요연하게 정리한 후 미리 전달해 학교의 특장점에 대해 학습하게 하는 것은 기본이다. 학교에 대한 기본 정보 없이 인터뷰를 할 경우 질문의 깊이가 얕고 학교 연혁이나 특성만 이야기하다 시간을 허비하는 경우가 있기 때문이다. 보통 인터뷰 시간은 한 시간 반에서 두 시간 정도다.

수상자를 기사화하라

수상자 기사는 큰 기사가 되기는 힘들지만 동정보다는 크게 나갈 수 있다. 일명 'ㅇㅇ주년 행사' 때는 조직 내에서 공로를 세웠거나 졸업 동문 중에서 모교의 명예를 높인 사람들에게 '자랑스러운 동문상'을 주곤 한다. 특히 이러한 수상 발표는 행사 당일 전에 미리 발표하면 행사 개최를 알리는 데도 효과가 있다. 이때 수상자는 사회적으로 영향력이 있거나 리더로서 존경받는 인물일 경우가 있어 보도자료로 배포하면 반응이 좋다.

퍼포먼스를 준비하라

퍼포먼스 사진기사는 행사 내용을 토대로 독특한 퍼포먼스를 기획해 재미있는 사진자료를 만들어 보도화시키는 것이다. 방송통신대의 경우 준공식이라고 하는 단순 행사에 '100세 시대, 평생교육으로 준비하다'라는 슬로건을 걸고 10대에서 90대까지의 학생을 초청해 평생교육나무에 물을 주는 퍼포먼스를 펼쳐 다양한 매체에 보도된 적이 있다. 준공식이라는 무미건조한 행사가 '평생교육나무'라고 하는 감성이미지로 형상화되어 사진기사로 발전한 것이다.

28 '꺾어지는 조직'을 찾아라

　앞서 말했듯이 '꺾어지는 해'가 언론보도에 도움이 된다. 하지만 몇 년에 한 번씩 오는 기회만을 노릴 수는 없다. 그렇다면 또 다른 꺾어지는 것들은 무엇이 있을까? 바로 학과들이다. 대학마다 20여 개 학과(방송통신대)에서 많게는 90여 개 학과(서울대)가 있다. 또한 동아리, 학회, 연구소, 부설기관 등 다양하다. 이러한 조직 또는 단체는 학교 역사가 길수록 행사를 갖기 쉽다.

　성균관대 물리학과는 50주년을 맞이해 기념행사를 가졌다. 동문 수백 명이 캠퍼스에 모여 은사를 모시고 감사의 뜻을 전했다. 후배들에게는 장학금을 전달했다. 행사장 로비에는 과거 공부하던 모습을 담은 사진과 교재 등을 전시했다. 이런 상황에서 나올 수 있는 기삿거리 몇 가지를 살펴보자.

　첫째는 과거와 현재가 공존하는 사진기사가 좋다. 원로 선배와 파릇한 후배가 함께 흑백사진 속 학창시절 사진을 보는 장면을 연출해 촬영한다. 둘째는 대학 시절 어렵게 공부했던 학생들과 스승 간의 따뜻한 옛날이야기를 휴먼 스토리로 작성하는 것이다. 이런 종류의 기사는 스승의 날이나 평상시에도 기사화될 확률이 높다. 하지만 특히 이러한 행사 때 발굴하면 기자의 호응이 더욱 좋다. 셋째는 장학금을 기부한 동문들의 기부금액과 모금과정을 보여주는 것이다. 역사가 깊을 경우에는 동문 중에 유명인사들이 배출되어 이들의 모임 자체도 이야기가 될 수 있다. 마지막으로 눈물겨운 역사 자체가 이야기가 되는 경우도 있다.

서울대 야구부, 성균관대 미식축구부가 그런 예다. 서울대 야구부는 창설되고 28년 만에 첫 승을 거뒀다는 이야기가 기사화될 정도다. 성균관대에는 50여 년 된 미식축구부 동아리가 있다. 운동부지만 전문 체육인이 아닌, 말 그대로 '몸집'이 좋은 학생들이 후배들을 섭외해 만든 아마추어 동아리다. 학교 스포츠단에 소속되어 있지만, 이런 이유로 유급 감독을 채용할 수 없다. 하지만 이들에게는 유급 감독보다 뛰어난 무급 감독이 있었다. 이런 식의 이야기들이 기사화되곤 한다.

이렇듯 동문들의 오래된 이야기가 재학생들과 어울려 감동과 재미가 있는 사연으로 발전하기도 한다. 모교에 애정이 있는 동문들을 찾아보면 분명 아름다운 이야기를 찾을 수 있을 것이다.

29 보도할 때는 원 소스 멀티유즈하라

〈스타워즈〉, 〈인디아나존스〉, 〈E.T.〉 등의 인기 영화들은 일명 '원 소스 멀티유즈one source multi-use'라고 해 다양한 모습으로 재사용되었다. 한번 영화로 제작된 콘텐츠가 만화, TV드라마, 비디오 등으로도 제작되고 다시 장난감, 기념품으로 만들어져 판매되며, 놀이동산의 소재가 되거나 게임으로도 개발되어 소비자가 직접 스토리에 참여하기까지 한다. 홍보 아이템도 이처럼 '원 소스 멀티유즈'가 가능하다. 매체별 특성을 이해하면 활용이 더 쉽다.

성균관대에서 '성대 패밀리 캠페인'을 진행한 적이 있다. 대학 주변 상가가 기부하면 학교는 학생들에게 기부 사실을 알리고 홍보해줌으로써 서로 상생하기 위한 캠페인이었다. 반응이 좋아 적극적인 기부로 몇 달 만에 약 50개 업체가 수억 원에 달하는 기부 약정을 했다. 이 사실을 처음으로 노출한 것은 C신문사였다. 사회면에 톱기사로 보도되었다. 이후 K방송국 뉴스, M방송국 라디오 시사 프로그램에서 보도했다. 시간이 흘러 100개 업체가 참여했을 때는 K신문사 1면과 사설에 등장했다. 이렇듯 같은 아이템이라고 하더라도 다른 성격의 매체라면 원 소스 멀티유즈가 가능하다.

이제는 방송물이 다시 취재되는 경우를 살펴보자. 방송통신대와 관련해 〈다큐멘터리 3일〉을 찍을 때였다. 지하철 2호선 뚝섬역에 있던 서울 지역 대학에서 3일 동안 진행되는 출석 수업에 대한 내용을 담았다. 3개 학과를 졸업하고 도서관에서 봉사활동을 하는 80대 노인, 여행용 가방에 일본어 테이프, 각종 교재를 한 짐 넣어 다니며 공부하는 60대, 낮에는 병원에서 근무하고 밤에는 학교에서 수업을 들으며 주경야독하는 20대 쌍둥이 간호사들 등 이색적인 학생들이 많이 출연했다.

이 프로그램을 보고 여러 방송국, 신문사, 잡지사 등에서 연락이 왔다. 도서관 봉사활동을 하는 학생에 대해서는 K방송국 강연 프로그램과 여러 케이블 방송국, 신문 등에서 관심을 가졌고, 테이프를 듣는 60대 학생에 대해서는 S방송국에서 관심을 가졌다. 두 어르신 학생 이야기는 방송국과 신문을 넘나들며 다양한 매체에 소개됐다.

하나의 소재가 다시 노출될 수 있는 매체를 간단히 분류해보면 다음과 같다.

○ TV: 지상파, 케이블, 인터넷방송(뉴스, 교양, 예능) 등

○ 신문: 통신사, 종합일간지, 경제지, 전문지, 무가지 등

○ 잡지: 여성지, 시사지, 경제지, 전문지 등

이렇듯 하나의 좋은 아이템은 내용의 특성에 따라 3개 이상의 매체에 노출될 수 있다. 가장 쉬운 것 중 하나가 신문-방송-잡지 세 매체의 순환이다. 아이템을 개발하거나 발전시킬 때 이 세 매체에 고루 사용될 수 있도록 입체적으로 보도자료를 구성하면 좋다.

30 사진기사에는 3B2F를 기억하라

광고에서 소비자의 관심과 주목을 이끄는 요소로 3B가 있다. 'Beauty', 'Baby', 'Beast'이다. 말 그대로 '미인', '아기', '동물'이다.

먼저 많은 광고에서 미인이 모델이 되어 제품을 소개하는 이유는 주목성 때문이다. 때로는 광고모델만 주목되어 상품 자체를 기억하지 못하는 경우도 있다. 미인이 모델이 되는 광고 중에 가장 대표적인 것이 술 광고다. 국내에서 소주, 맥주 모델이 된다는 것은 그 연예인의 인기를 판가름한다고 여겨질 정도로 관심의 대상이 되기도 한다. 심지어 소주잔 바닥에 사진을 넣어 술을 마시면서 미인의 얼굴을 한 번씩 보게 하는 마케팅도 펼친다.

아기 역시 미인만큼 주목을 끄는 데 큰 역할을 한다. 이러한 이유로 다양한 상품에서 아기와 아이들의 모습을 볼 수 있다. 아이스크림 광고에 이국적인 외모의 아이가 등장해 눈을 깜빡거리며 소비자들의 주의를 환기시킨다. 시청자는 영락없이 귀여운 아기의 행동과 말 하나하나에 반응하며 상품에 대한 호감도가 높아진다. 회사 이미지 광고에서도 아이들이 뛰노는 장면이나 공부하는 장면을 연출하면서 희망적인 미래를 자연스럽게 상상하도록 한다. 우리는 자연스럽게 아이들의 동심에 동화되어 '할 수 있다'라는 암묵적인 동의를 하게 된다.

마지막으로, 동물이다. 한 유명한 콜라 광고에는 북극곰이 등장한다. 물론 곰이 달콤한 검은색 탄산수를 좋아할 수도 있다. 하지만 실제로 곰과 콜라는 직접적인 관련이 없다. 단지 귀여운 모습으로 이목을 끄는 데 효과적이기 때문에 모델로 사용된 것이다. 이 외에도 오래전 광고 중에 모델로 '콜리'가 등장한 적이 있다. 당시 무선전화기가 울리면 강아지가 입으로 물어 전달해주는 광고였다. 지금까지 기억하는 걸 보면 분명 인상적인 모델이었다.

이렇듯 3B 법칙을 쓰면 실패할 확률이 낮다. 3B 활용의 최고조는 바로 공익광고다. 미인 엄마와 예쁜 아기, 그리고 애완동물이 함께 푸른 잔디밭에서 거닌다. 아빠도 미남이다. 공익광고에서 가장 많이 쓰이는 기본 형식이다. 창의적이거나 특별하지는 않지만 가장 좋은 것들의 조합이다보니 항상 선호된다.

언론 홍보에도 3B 법칙이 통한다. 특히 사진기사가 그렇다. 먼저 미인의 예는 산업 경제면을 보면 알 수 있다. 금융사, 제조사, 통신사 등 대부분의 제조, 서비스, IT 업체가 가장 많이 사용하는 포맷이 미인이 상품 또는 상품의 특성이 담긴 안내판을 들고 카메라 앞에서 '얼짱' 각도로 포즈를 취하는 것이다. 가끔은 상품 광고 모델인 연예인이 나와서 같은 행위를 한다. 평범한 사진이지만 언론은 이것을 받아들인다. 보도자료로 만들어 배포도 하지만, 직접 사진기자가 찍는 경우도 많다. 아이들 사진은 계절 기사에 많이 쓰인다. 여름을 맞이한 아이들이 옷이 모두 젖도록 물장난을 하는 경우, 아이들이 행사에서 함께 웃으면서 퍼포먼스를 하는 경우 등에서 쉽게 볼 수 있다. 동물 사진기사는 새해 초 1면에 종종 실린다. 동물 사진 그 자체만으로도 귀엽고 생동감이 넘치지만, 부정적인 기사가 많은 신문지면을 대하는 독자의 기분을 좋게 해주는 역할도 한다. 이렇듯 3B는 가장 기본이라 많이 기사화되지만, 너무 많이 활용되기 때문에 기자나 데스크의 입장에서는 조금 식상하게 느낄 수 있다. 이때 필요한 것이 2F다.

첫 번째 'F'는 'Foreigner', 즉 외국인이다. 한복을 입은 외국인 학생들이 성인식을 하거나 김치를 만들거나 떡방아를 찧는 모습의 사진기사를 본 적이 있을 것이다. 길을 가다가 이색적인 상황을 만났을 때 고개를 돌려 보는 것과 같은 효과다.

다른 F는 'Fun'이다. 한 사진부 기자와 통화했다.

"행사가 있는데, 10대부터 90대까지 다양한 연령층이 와서 퍼포먼스를 합니다. 기사가 될까요?"라고 하자 B기자는 웃으며 "「강남스타일」의 말춤이라도 추나요?" 하며 물었다. 당시에 말춤은 가장 유머러스하면서도 관심을 끄는 퍼포먼스였다.

기자는 "좀 재미있으면 좋다"며 충고를 해줬다. 방송통신대에서 춤을 추지는 않았지만, 꽤 많은 언론에 기사가 실렸다. 그러고 보니 이런저런 매체에서 말춤 추는 기관장들의 모습이 눈에 띄었다. 미국 대통령 오바마까지 말춤을 추었을 정도니 말이다. 이렇듯 3B와 2F를 고려한 상태에서 다양한 조합을 만들면 사진기사로 실릴 가능성이 커진다.

사진은 가장 효과적인 홍보

변영욱 ‖ 《동아일보》 사진부 기자

사진기자란?

뉴스를 사진으로 표현하고 전달하는 직업인이다.

신문사의 부서 및 직급은?

편집부, 정치부, 경제부, 사회부, 문화부, 국제부, 산업부, 스포츠부, 오피니언부 등이 있다. 사진부는 부장, 차장, 기자로 구성된다.

대학 관련 기사 작성 흐름은?

크게 두 가지 방법이 있다. 대학을 담당하는 사회부(교육부 출입, 경찰서 출입) 기자가 아이디어를 사진부에 주는 경우가 있다. 다른 방법은 사진부에서 직접 아이템을 발굴해 홍보 담당자에게 문의해서 취합하는 경우다. 홍보실에서 팩스 또는 이메일로 보낸 기획기사를 받고 취재하기도 한다. 대학은 직접 연락이 오는 경우가 많다. 보통 인물기사, 인터뷰 등은 사회부의 요청으로 찍고, 학교의 연례행사나 이벤트 등의 사진기사는 홍보부서와 직접 연락해 진행한다. 대학은 사진부 기자들이 좋아하는 소재다. 피사체 자체가 젊고 건강하다. 기업에 비해 상대적으로 이해관계에서 벗어나 있다. 대학은 교육이라는 공익적인 기능을 가지고 있고 순수한 느낌이 있어 사진기사로 선호되는 편이다.

사진기자 입장에서 볼 때 좋은 보도자료란?

첫 페이지에 제목과 사진 설명을 쉽고 정확하게 연상될 수 있도록 간결하게 쓰는 게 좋다. 사진 취재 포인트가 무엇인지, 현장에 가면 무엇을 찍을 수 있는지 구체적일수록 좋다. '세계 각국의 의상을 입은 10명' 이런 식으로 촬영 포인트를 잡아줘야 한다. 즉, 사진 설명을 뭐라고 붙일지 예상 가능하도록 해야 한다. 육하원칙을 따르면 된다.

사진기자 입장에서 언제 어디서 행사할 때 취재하기 가장 좋은가?

학교에서 행사하는 게 가장 좋다. 취재하기 좋을 것이라며 언론사가 몰려 있는 광화문 등에서 행사를 하면 마케팅 냄새가 나 오히려 역효과가 난다. 행사 시간은 오전 10시~오후 2시가 취재에 용이하다. 요일로 치면 화요일, 수요일이 무난하다. 월요일은 일반적인 일들이 많고, 금요일에 취재를 해도 토요일 자는 기획기사를 주로 다뤄 대학기사를 다룰 지면이 부족하다. 목요일은 주말판을 위한 취재를 하는 경우가 많다. 보통 금요일에 행사가 많은데 언론보도를 위해서라면 오히려 좋지 않다.

일요일 행사가 의외로 좋다. '휴일도 잊고 공부를 한다'는 식으로 기삿거리가 된다. 정리하자면 사진보도를 위한 행사로는 금요일, 토요일은 좋지 않다. 참고로 기자들은 반반씩 나눠서 금요일과 토요일을 쉬거나 토요일과 일요일을 쉰다.

하루에 몇 건의 보도자료를 소화하나?

통상 하루에 한두 건이거나 없을 때도 있다. 반면 한 대학이 여러 개를 보내는 경우가 있다. 행사를 알리는 보도자료는 생각보다 별로 없다.

대학의 시즌별 사진기사는 어떤 게 있나?

숙대 졸업식, 오리엔테이션, 미리 가본 대학, 한양대 공대 특성을 살린 로봇 발명대회, 한성대 외국인 학생 삼계탕 식사, 상명대 무용학과 입시 실기, 홍대 미대 미술 실기 등이 있다.

보도사진은 어떻게 찍어야 하나?(구도, 인물 구성, 사람 수 등)

사람들의 선입견 중 하나가 많은 사람들이 참여해야 사진기사로 나갈 것이라고 생각하는데, 실제로는 10명 이내의 인원이 가장 좋다. 행사의 메시지를 전달하는 데 충분한 숫자다.

3B2F를 어떻게 생각하나?

3B는 계속 유효할 것이다. 그런데 '1F foreigner'인 외국인이 등장하는 것은 지금은 유효하지만 글로벌화가 가속화될수록 약해질 것이다. 지극히 동양적인 관점이기 때문이다. 다른 '1F fun'는 점점 더 관심을 끌 것이다. 보도라는 것이 '정보'도 되지만 '엔터테인먼트'적 요소가 강하기 때문이다. 홍보 담당자가 행사를 준비하거나 보도자료를 만

들 때 고려하면 좋다.

대학 홍보 담당자에게 조언해줄 말은?

대학은 트렌드에 민감해 끊임없이 변화하고 있는 사회를 잘 반영한
다. 대학 자체도 구성원, 커리큘럼, 문화 등이 계속 변화한다. 홍보
담당자는 이러한 대내외적인 변화를 감지해 아이템을 발굴하면 좋
은 기삿거리를 찾을 수 있다.

전에 대학가에서 서점이 사라지고 있는 현실을 반영한 사진기사를 보
도한 적이 있다. 원래는 서점이었던 장소가 당구장으로 바뀌었는데
도 여전히 '하루라도 책을 읽지 않으면 입안에 가시가 돋는다'라는 간
판이 걸려 있어 세태를 그대로 반영하는 듯해 사진기사로 보도했다.

31 행사를 기사화시키는 노하우

  학교에는 ○○주년 행사, 개관식, 준공식 등 다양한 행사가 있
다. 오랜 기간 동안 고생해서 준비한 결과를 보여주는 자리기 때
문에 총장이나 기관장들은 여러 언론에 크게 노출되기를 희망한
다. 하지만 기사가 우리 마음대로 나가는가.

  K신문사 P기자는 "신문은 특정 기관의 잔치를 다루어주는 데
가 아니다. 나름 어떠한 행사가 있을 때는 독자(시민)들의 삶에 영
향을 미치거나 관련이 있는 것이어야 다룰 만하다"라고 말한다.
물론 지당한 말이다. 그렇다고 학교의 중요한 행사를 그냥 동정으
로만 내보내기에는 너무 아쉽지 않은가. 이러한 상황(이상과 현실의
차이)을 뛰어넘을 중요한 포인트가 있다.

'누가'와 '어떻게'

행사는 누구나 알다시피 특정 장소에 모인 사람들을 위한 의식이다. 그렇기 때문에 시간의 흐름 속에서 의전, 주요 퍼포먼스, 축사 등의 형식적인 순서가 있다. 기관과 행사 참여자들에게는 충분히 의미가 있다. 하지만 언론 홍보 측면에서 보면 아무래도 기삿감은 아니다. P기자의 말처럼 시민들에게 영향을 미치는 내용이 아니기 때문이다.

교내 행사를 육하원칙으로 나눠보자. 실제로 '언제, 어디서, 무엇을, 왜'라는 부분은 내부적인 의미가 있을 뿐 사회적으로 큰 의미가 없다. 그렇기 때문에 대부분 동정 기사로 처리되는 것이다. 하지만 같은 행사라도 '누가 참석했느냐'와 '어떻게 새롭게 접근했는가'에 따라 기사가 커질 수 있다.

서울대 졸업식에서 우리나라 연예계를 대표하는 SM엔터테인먼트의 이수만 대표가 졸업 축사를 했다. 주요 일간지에서 크게 이슈가 되었다. 명지대에서는 교수들이 제자들의 발을 씻겨주는 세족식 퍼포먼스를 펼쳤다. 이것 역시 보도되었다. 눈여겨볼 대목이다. 이렇듯 정례적인 행사도 '누가'와 '어떻게'에 따라 기사화되는 것이다("이수만 서울대 입학식 축사 화제······ 4년 만의 모교 나들이", ≪동아일보≫, 2013년 3월 5일; "명지대학교 사제간 세족식", ≪경향신문≫, 2013년 3월 26일).

행사를 세분화해라

성균관대에서 건학기념일에 맞춰 재학생과 동문, 지역주민이 하나가 되는 축제인 '성균인의 날'이라는 행사를 했다. 3만 명이 넘게 참여하고 일주일 동안 진행되는 행사라 규모가 커서 1년 내내 준비했다. 공이 많이 들어간 만큼 언론에도 많이 노출되기를 희망했다. 하지만 이른바 '꺾어지는 해(100주년, 50주년, 10주년 등)'가 아니었기 때문에 보도되기 힘든 상황이었다. 그럼에도 기사화시켜야 했다. 그래서 행사를 세분화해 단타로 여러 번 보도자료를 배포했다.

첫째, 수상자를 알렸다. 당시 '자랑스러운 성균인상'을 선정했는데 행사 전에 인물기사를 만들었다. 사회적으로 인지도가 높은 인물에게 상을 주었기 때문에 여러 매체에서 다뤄졌다. 행사를 앞두고 선정된 것이라 수상자 발표와 겸해 행사 일정을 미리 언론에 노출할 수 있었다. 둘째, 기부소식을 알렸다. 행사를 기점으로 동문들의 기부 릴레이가 이어졌다. 특히 해외에서 어렵게 자수성가해 모교에 기부한 이야기는 감동이 있어 몇 개 언론사 사회면과 인물면에 실렸다. 셋째, 사전 이벤트인 '추억의 학생증'을 활용해 기사를 만들었다. 1970년대에 쓰였던 학생증의 모습을 재현한 것으로, 해당 사진 이미지와 졸업생들의 반응이 화제가 되었다. 넷째, 행사 알림기사로 행사명, 일시, 장소 등을 알리는 작업을 했다. 다섯째, 행사 당일 어린이들과 대학생들이 함께 행사에 참여하는 모습을 사진에 담아 사진기사로 만들었다. 마지막으로 행사

후 총장 동정으로 보도자료를 배포해 '건학 607주년 행사를 가졌다'라는 기사가 났다. 사실 행사 예산에 비해 크게 보도되진 못했지만 다양하게, 자주 노출됐다. 꼼꼼하게 준비해 이렇게 단타 기사라도 만들어 지속적으로 노출하는 것도 방법이다.

보도를 위한 행사를 따로 준비하라

방송통신대는 대학로 캠퍼스에 신축 본부건물을 세워 준공식을 개최하기로 했다. 40주년을 맞아 신축한 터라 많은 이들이 언론에 노출되기를 희망했다. 더불어 당시 교육부에서 지원해 개설된 단과대학(프라임칼리지)도 한꺼번에 보도되기를 원했다. 준공식이라고 하는 평범한 행사를 알리기도 힘든데, 섞기 힘든 두 가지 이슈를 동시에 알려야만 했다. 사전 조사를 한 결과 기자들의 반응은 역시 냉담했다.

다시 행사의 본질을 분석했다. 오랜 고민 끝에 평범했던 시설 '준공식'을 '평생교육의 메카로 재탄생'이라는 콘셉트로 업그레이드했다. 언론보도를 위해 이를 기념하기 위한 퍼포먼스를 펼치는 것으로 최종 정리했다.

행사 슬로건은 '100세 시대, 평생교육으로 준비하다'라고 정했다. 준공식의 일반적인 식순이 있었고, 그 사이에 사진기자들이 편하다고 느끼는 시간대를 정해 '보도 포토타임'을 가졌다. 10대에서 90대까지 세대별 학생들이 같은 옷을 입고, 총장, 총동창회장과 세대별 학생들이 한꺼번에 앞의 화분에 물을 주었다. 뒤쪽으로 커다란 나무가 세워지며 평생교육 관련 키워드가 적힌 열매들이 주렁주렁 열리게 했다. 5분 미만의 짧은 퍼포먼스는 끝이 났다.

이 외의 행사는 축사와 식수, 테이프 커팅 등 의전행사였다. 다행이 기자들도 재미있어했고, 여러 매체에 사진기사가 실렸다. 사진 설명에는 개관식과 프라임칼리지의 중요성을 상징하는 '평생교육나무 퍼포먼스가 펼쳐졌다'라고 실렸다. 그냥 행사를 했더라면 총장 동정 기사로 작게 취급되었을 것이다.

작은 행사라도 의미를 부여해라

성균관대 학생들과 외국인 교환학생들의 행사인 '인터내셔널 페스티벌international festival'이 있었다. 막상 행사명은 거창했지만 내용은 부족했다. 천막을 치고 각 나라의 전통음식을 파는 게 전부였기 때문이다. 하지만 이 기회를 놓칠 수는 없었다. 다양한 외국인 학생들이 참여해 그림이 좋았기 때문이다. 학생들과 짧은 시간 동안 아이디어 회의를 했다. 순식간에 세계지도가 그려진 현수막을 제작해 벽에 걸고, 나라별 위인들의 얼굴이 담긴 조그만 깃발을 만들어 학생들이 꽂는 장면을 연출했다. 사진 설명은 '전 세계 학생들이 인터내셔널 페스티벌에서 나라별 위인의 얼굴을 지도에 꽂으며 즐거워하고 있다'라고 달았다. 반응이 좋아 여러 매체에 사진기사로 보도되었다.

앞의 두 행사는 많은 예산이 든 행사였다면, 마지막 행사는 간단한 행사였음에도 기사의 크기는 큰 차이가 없었다. 즉, 행사가 있을 때 언론에 노출하고 싶다면 별도로 보도자료를 준비하는 것이 효과적이다. 너무 의례적이라는 지적이 있을 수 있지만, 홍보맨 아닌가. 필요하다면 해야 한다.

32 총장을 브랜딩Branding하라

총장을 잘 활용하면 언론에 학교를 노출하는 데 큰 도움이 된다. 학교가 언론에서 잘 다루어지지 않는다 하더라도 대학 총장은 사회 지도층이기 때문에 언론의 관심이 상대적으로 높다. 더구나 총장은 학교의 대표 얼굴이므로, 학교 이미지와 동일시되는 경우가 종종 있어 항상 관리하고 주의를 기울여야 한다.

총장을 인터뷰하라(취임, ○○주년, 비전 선포)

모든 시작은 관심을 끌기 좋다. 특히 총장이 취임할 때는 다양한 공약이나 대학 발전 방향에 대한 철학을 발표하기 때문에 이야깃거리도 풍부하다. 언론사의 관심도 집중될 수 있어 기사화되기 좋다("취임 한 달 맞은 최갑종 백석대학교 총장", ≪국민일보≫, 2012년 10월 29일; "취임 석 달 맞는 강성모 KAIST 총장", ≪한국경제≫, 2013년 5월 19일).

취임 1주년도 좋은 타이밍이다("취임 1주년 송희영 건국대 총장", 《중앙일보》, 2013년 8월 13일; "취임 1주년 송영무 순천대 총장", 뉴스1, 2012년 10월 17일; "취임 1주년 정현태 경일대 총장", 연합뉴스, 2011년 9월 8일).

학교 비전 선포, 학교 ○○주년 등의 경우는 의외로 언론의 반응이 냉담하다. '그들만의' 잔치이기 때문이다. 이럴 때 총장 인터뷰로 언론 노출을 시도하면 훨씬 수월하게 접근할 수 있다("개교 30주년 맞아 비전 선포(부구욱 영산대 총장 인터뷰)", 《매일경제》, 2012년 11월 20일).

특별한 이슈가 없을 때는 동문 CEO 등과 엮으면 재미있는 그림이 나온다. 2012~2013년도에 《한국경제》가 시리즈로 여러 대학을 취재했다. 이전에는 《매일경제》가 '대학 총장과 동문 CEO의 만남'이라는 꼭지로 연달아 취재했다. 아직 이런 인터뷰를 하지 않은 대학이라면 도전해볼 만한 좋은 포맷이다("오명 건국대 총장 · 강영중 대교 회장 대담 인터뷰", 《매일경제》, 2009년 3월 10일; "안재환 아주대 총장 · 신문범 LG전자 사장 대담 인터뷰", 《한국경제》, 2013년 5월 14일; "김준영 성균관대 총장 · 오세영 코라오그룹 회장", 《한국경제》, 2012년 7월 9일; "조남철 방송통신대 총장 · 장재진 오리엔트바이오 회장", 《한국경제》, 2012년 8월 28일).

총장 스킨십을 노출하라

총장은 교육행정의 수장이기도 하지만 다분히 정치적인 역할을 해야 하는 자리기도 하다. 교내에서는 교수들과의 관계를 유지하며 굵직한 사안들을 처리하고, 교외에서는 교육부 등과의 관계를 통해 지원을 이끌어내야 한다. 교내에 큰 문제가 없도록 잘 이끌어 학교의 좋은 이미지를 유지하고 우수 학생 유치에도 신경을 써야 한다. 동문들과의 관계도 중요하다. 요직에 있는 동문들이 학교에 도움이 되도록 잘 관리를 해야 하고, 재력가 동문들로부터 기부금도 유치해야 한다. 총장이 약속이 많은 이유다.

또한 학생들 사이에서 인기 관리도 필요하다. 인기 유지란 학생들의 입장을 이해하고 그들의 목소리에 귀 기울이는 것을 의미한다. 정치인이 시장에서 시민들을 격려하듯 총장도 학생들과의 스킨십을 시도한다. 이러한 장면이 언론에 노출되면 더 많은 사람이 볼 수 있어 효과를 높일 수 있다. 하지만 매번 시장에 가면 그림이 단순하듯 총장들의 스킨십도 색다른 면이 있어야 관심을 끈다. 기자들은 새로운 그림일수록 좋아한다. 기사화되면 학교 홍보도 되고, 학생들도 좋아하고, 총장 이미지도 좋아져 1석 3조의 효과를 볼 수 있다("동의대 총장의 냉면 간담회", ≪한국일보≫, 2013년 5월 29일; "한중일 대학생 300km 걸으며 우리는 친구, 일부 동행 김준영 총장", ≪매일경제≫, 2013년 8월 13일; "방송통신대 총장 ⟨러브 액추얼리⟩ 패러디 새해 인사", ≪파이낸셜뉴스≫, 2012년 1월 2일).

총장의 일상을 활용하라

총장은 출신에 따라 다양한 개성을 가지고 있다. 일반적으로 교수 출신인 경우가 많기 때문에 전공 분야에서 활동하는 모습을 눈여겨볼 필요가 있다.

책을 내는 경우도 있고, 학회 참석, 강의 등 다양한 활동을 할 것이다. 총장이 현재 공부하는 분야가 있거나, 현재 읽고 있는 책 등도 관심사가 될 수 있다("'의사 시인' 인제대 이원로 총장 13번째 시집 출간", ≪한국경제≫, 2013년 8월 2일; "성균관대 서정돈 총장, 학생 신분으로 유학대학원 다닌다", SBS, 2009년 1월 31일; "방송통신대 조남철 총장, 독서르네상스운동 상임대표", ≪한겨레≫, 2013년 5월 29일).

대통령 브랜딩

국가의 수장은 대통령이다. 취임 초 대통령이 입은 옷의 브랜드, 즐겨 찾는 음식, 최근에 본 책 등이 보도되는 것을 종종 볼 수 있다. 독자들은 이런 정보를 통해 '대통령이 들고 있는 지갑은 어디 거래, 대통령이 왔던 음식점이래, 대통령이 휴가 때 읽으려고 가져간 책이래' 하며 관심을 갖는다.

김대중, 김영삼 전 대통령은 주로 음식점과 관련한 보도가 많았고, 여성 대통령답게 박근혜 대통령은 패션 관련 기사가 많다. 단지 기자와 독자의 관심을 끌어서 기사가 됐을까?

예상했겠지만 이 모든 기사들은 청와대의 치밀한 계획에 의한 결과다. 즉, 대통령의 정체성인 PIPresident * Identity를 통한 브랜딩branding 작업이다. 대통령에게 필요하다고 생각되는 전략적 이미지로 포지셔닝positioning해 국민들이 이해하기 쉽고 흥미롭게 전달한 것이다. 더구나 이런 기사들의 이면에는 임기 내 대통령이 추구하는 국정운영의 기조를 암시적으로 표현하는 경우도 있어 주목하는 것이다.

총장 브랜딩

총장은 대학의 수장이자 대표 얼굴이다. 세간의 관심이 대통령을 따라갈 수는 없지만 총장도 사회 지도층 인사로 사안과 타이밍에 따라서는 관심과 흥미를 끌 수 있다. 이런 이유로 총장의 이미지도 전략적인 브랜딩, 즉 PI가 필요하다.

브랜딩을 위해서는 먼저 총장이 가진 특성을 분석 및 세분화해 포지셔닝을 해야 한다. 총장의 캐릭터에 따라 정치, 경제, 사회, 문화, 국제화 등으로 나누어봤다(임의로 분류해본 것으로 특정 총장과는 관련이 없다). 이를 잘 활용하면 언론에 적기에 노출할 수 있어 대학 이미지 형성에 큰 도움이 되기 때문이다.

A대 총장은 '폴리페서polifessor'라 불릴 정도로 선거철만 되면 정치계의 러브콜을 받으며 정계에서 활동하다가 총장이 됐다.

B대 총장은 재벌 가문 출신이면서 동시에 국제기구에서 활동하며 정치력도 발휘한다.

C대 총장은 재학시절 고시에 합격해 행정가를 하다가 해외유학을 가서 교수가 된 경우로, 석학으로 인정받고 있다.

D대 총장은 청렴한 인품에 해외동포에 대한 관심이 많고 문화예술, 나눔, 봉사의 중요성을 평소에 자주 언급한다.

E대 총장은 교수가 아닌 CEO 출신으로 모금, 대학 평가 등 구체적인 수치에 민감하다.

이렇게 총장의 특성을 세분화하다보면 총장이 어떤 상황일 때 언론에 등장해야 할지 알 수 있다.

* 대통령과 총장은 영문 표기가 똑같은 'President'이다.

33 애드버토리얼을 효과적으로 활용하라

신문, 잡지, 무가지, 방송 등 너무하다 싶을 정도로 직접적인 홍보성 기사가 나가는 경우가 있다. 독자 입장에서는 '이거 돈 받고 기사 쓰는 거 아니야?'라며 눈살이 찌푸려지고 달갑지 않다.

맞다. 돈 받고 쓰는 기사다. 아주 합법적으로 정당하고 세련되게 쓰는 광고성 기사, 즉 애드버토리얼advertorial[22]이다. 기사 속에 광고주에게 유리한 내용을 담아내는 것이다.

특집 섹션은 애드버토리얼

주요 일간지의 섹션 특집은 대부분 애드버토리얼이라고 보면

---

[22] 애드버토리얼은 기사 형식의 광고를 말한다. 광고(advertisement)와 편집기사(editorial)의 합성어다(위키백과 참고).

애드버토리얼 진행 협의 과정

애드버토리얼 진행 여부 결정
내용 기획, 일정 수립, 예산 검토

▼

광고 담당자와 협의
비용, 본판(섹션지), 지면 수, 게재일, 게재지 수령 부수

▼

담당 기자와 기획 회의
기사 내용 협의(콘셉트, 총장 인터뷰, 레이아웃 등) 사진 촬영 여부, 취재 일정, 게재일 확정

▼

담당 기자가 기사 작성, 인터뷰 진행
홍보팀은 관련 자료 전달, 인터뷰 진행 지원

▼

기사 검토
언론사가 잘 보여주지 않으므로 특별히 협조 요청

▼

보도 및 배포
미리 요청한 게재지를 받아 교내외 배포

된다. 매체에 따라 작업 방식이 다르다. 섹션팀을 분사해 계열사로 나누어 대금 청구도 본사와 다른 회사명으로 운영하는 C신문사, 섹션 전문기자가 따로 있어 취재만 따로 하고 광고비 청구는 본사로 하는 J신문사, 본사 기자가 직접 취재하는 D신문사, 전문기자를 따로 둔 K신문사 등 모두 제각각이다. 금액은 발행부수에

따라 매체별로 다르지만 한 면당 1,000만 원 정도로 보면 된다. 일명 본판(본지)에 애드버토리얼이 들어갈 경우는 가격이 세 배 이상 뛴다. 그만큼 자연스러운 애드버토리얼이 가능하기 때문이다. 해마다 애드버토리얼을 담당하는 부서나 조직도 변하고, 가격도 대학마다 상황에 따라 달라진다. 분명한 것은 광고만으로는 아쉬움을 갖는 대학들이 다양한 방법으로 애드버토리얼을 활용하는 경우가 늘고 있다는 것이다.

애드버토리얼이라고 해서 그냥 원하는 대로 기사를 써주지는 않는다. 홍보 담당자가 내용을 기획해 자료를 제공해야 한다. 레이아웃이나 사진, 그래픽 요소까지 함께 고민해서 제공하면 학교가 원하는 방향으로 이끌기 쉽다. 기획 특집을 하는 시기는 입시 기간과 맞물려 담당기자들이 바쁜 시기라, 기자에게 모든 것을 맡기면 내용이 부실해지는 경우가 있어 효과적인 기사를 기대하기 힘들다.

통신사 홍보 대행 서비스

통신사도 애드버토리얼이 가능하다. 1회당 금액이 정해져 있다. 패키지나 수십 회 사용계약을 하면 대폭 할인해준다. 일명 홍보 대행 서비스다. 종류는 보도자료 원문 배포 서비스와 사진 전송(단순 전송, 현장 취재)으로 나뉜다. 먼저, 원문 배포 서비스는 보도자료를 거의 원문대로 14개 주요 언론사와 3개 포털사이트에 배포해준다. 언론과 포털에 1회 나가는 데 12만 원, 포털만 나가는

데 8만 원으로 책정되어 있다. 횟수가 늘수록 할인율이 높아지는데 60회를 기준으로 언론과 포털을 합쳐 나가면 약 160만 원, 포털만 나가면 약 90만 원이다. 사진 전송은 가격이 훨씬 비싸다. 1회 단순 전송이 약 40만 원이고, 현장 취재까지 하면 70만 원 정도다. 사진 배포처는 수가 더 많아 80여 개 언론사와 포털에 배포한다 (2014년 2월 기준).

무가지는 애드버토리얼의 집합체

기사의 대부분이 애드버토리얼이라 할 수 있는 매체는 바로 지하철역에서 나눠 주는 타블로이드판 무가지(무료신문)다. 구독료를 받지 않아 100퍼센트 광고를 통해서 매출수익을 낸다. 그렇기 때문에 기사 자체도 광고라고 보면 된다. 1~3면에 있는 이슈성 기사 몇 개와 통신사 뉴스, 그리고 해외 토픽을 제외하고는 대부분 광고다. 하지만 알려야 하는 내용을 단순히 자랑 수준의 애드버토리얼 기사로 작성하면 재미가 없을 뿐만 아니라 진정성이 떨어져 독자로부터 바로 외면받는다. 그래서 애드버토리얼에도 세심한 아이디어와 고난도의 테크닉을 적용해야 한다. 즉, 광고처럼 안 보이게 해야 한다.

방송통신대도 여러 학과들을 소개하기 위해 무가지를 적극 활용했다. 자연스럽게 노출하기 위해 선택한 방법은 휴먼 스토리를 기반으로 한 캠페인이었다. '당신의 꿈을 응원합니다'라는 슬로건을 내걸고 방송통신대를 통해 새로운 인생에 도전하거나, 성공한 인물을 찾아 학과별로 소개했다. 애드버토리얼이었음에도 기사 내용을 보고 다른 언론사에서 관심을 갖고 추가 취재를 하는 등 성공적인 반응을 얻었다.

잡지 애드버토리얼

잡지의 애드버토리얼은 주로 기획기사를 작성하고 잡지를 대량 구매하는 방식으로 이루어진다. D주간지는 10쪽 정도의 기획기사를 작성하고 협찬 대학에 수천 권을 판매했다. J월간지는 일명 '벌크'라고 해 표지사진을 협찬사가 원하는 이미지로 넣고 첫 4페이지에 기사로 다루어준다. 이 책들은 협찬사가 원하는 만큼의 부수를 찍어 전달한다. 일반 독자들은 구매할 수 없는 또 다른 버전을 제작해주는 것이다. 한 인터뷰 전문 W주간지는 100만 원을 주고 100부를 구매하기로 계약하면 특정인물을 인터뷰하고 표지 모델로 사용하기도 한다.

'선택과 집중'이라는 말이 있다. 예산이 많지 않아 몇 개 안 되는 매체에 나눠서 광고를 찔끔찔끔 할 바에는 한 매체에 몰아서 애드버토리얼을 활용하고, 그 잡지를 대량 구매해 홍보물로 활용하는 것도 한 방법이다. 이렇듯 거의 모든 매체들이 애드버토리얼을 활용하고 있다. 원하는 매체가 있는데 꼭 기사로 싣고 싶을 경우에는 직접 제안을 해서 애드버토리얼을 성사시킬 수도 있다. 애드버토리얼의 영역과 활동이 점차 확장되고 있으니 꼭 기억하길 바란다.

34 PPL · 방송 프로그램 협찬 비용은?

언론매체에 애드버토리얼이 있다면 방송에는 PPLproduct place-
ment[23]이 있다. 홍보팀에서 근무를 하다보면 하루에도 수차례 광
고담당자들로부터 연락이 온다. 신문이나 잡지는 출입처가 정해
져 있기 때문에 담당자가 크게 바뀌지 않고 일정하다. 하지만 뜬
금없는 광고 제안이다 싶으면 PPL일 경우가 많다.

PPL은 드라마, 영화, 게임 등 픽션을 기반으로 스토리가 있는
경우에 많이 볼 수 있다. 스토리 속에서 연예인이 특정 제품을 사

---

[23] 마케팅 전략의 하나로, 영상산업의 규모가 대형화되고 정교해지면서 영화,
드라마 등에 자사의 특정 제품을 등장시켜 홍보하는 것을 말한다. PPL이 영화나
드라마 제작에 있어 중요한 수입이 되고 있긴 하지만, 극 상황과 어울리지 않는
노출이나 과도한 남발은 오히려 극의 질을 떨어뜨릴 수 있다는 비판도 있다[김석
규, 『2010 경제신어사전』(매경출판, 2010), 1007쪽].

용하면서 자연스럽게 호감도를 높이는 식이다. 방송국의 제작부서 측면에서 보면 드라마국, 예능국이 주로 활용한다고 보면 된다. 최근에는 교양국(다큐멘터리)에도 PPL이 늘고 있다. 정보 프로그램이 적극적이다. 결국 우리가 보는 많은 영상 콘텐츠에 PPL이 삽입되어 있다고 보면 된다.

이러한 PPL작업은 제작사가 광고영업 전문대행사에 외주를 주기 때문에 중소업체가 담당하는 경우가 많다. 그래서 이름도 모르는 회사가 대부분이다. 전화가 오면 "○○방송 ○○프로그램인데요……"라고 시작한다. 처음에는 방송국의 취재 요청인가 싶어 반갑게 전화를 받는데, 자세히 들어보면 아닌 경우가 많아 실망하기도 한다.

외주제작사 프로그램의 경우 어느 정도 가격이 매겨져 있다. 시청자 입장에서 봤을 때 특정 기업(기관)명의 노출이 반복적이고 뚜렷하다면 대체로 협찬을 받은 경우다.

그동안 제안을 받은 프로그램 참여 가격을 보면 다음과 같다. 40분 분량 다큐멘터리는 1억 원 선으로, 시청률은 3~7퍼센트 정도다. 방송시간은 오전 7시경에 하거나 밤 11시를 넘는 경우가 많다. 아침 또는 오후 6시대의 정보 프로그램은 1,000만 원에서 1,500만 원 정도다. 방송 길이는 5~10분이고 시청률은 3~6퍼센트 정도다.

예능 프로그램도 PPL이 가능하다. 한 공중파 퀴즈 프로그램의 경우 퀴즈를 푸는 사람들을 모두 지정할 수 있다. 대표 1인은 지명도가 있는 연예인이나 사회적 위치가 대표성을 가져야만 출연이 가능하다. 제안받았던 금액을 살펴보면, 1인 대표 지정은 3,000만 원 이상이고 단체석에 5명을 지정할 경우 1,000만 원 정도다. 더 많은 인원이 출연할수록 금액은 기하급수적으로 커진다.

1분 정도의 영상을 사전 제작해 프로그램에 삽입하는 것도 가능하다. 동물 프로그램, 가요 프로그램, 토크 프로그램 등이 해당된다. 금액은 1,000만 원대다. 1억 원 정도의 금액을 협찬하면 대학 내에서 체육대회를 펼치거나, 서로 쫓아다니는 리얼 버라이어티 프로그램을 제작해 노출시킬 수도 있다.

케이블TV는 시청률이 낮은 만큼 가격대도 낮다. 여성 진행자를 내세운 뉴스매거진 프로그램의 경우 7~8분 뉴스 영상물을 200만~300만 원 정도면 제작 노출할 수 있다.

PPL은 영상 노출인 만큼 지면 광고에 비해 가격이 비싸다. 순식간에 사라지는 휘발성 광고이기 때문에 한두 번 보이는 것만으로는 소비자의 기억에 남지 않는다. 장기적, 반복적으로 하다보면 가격은 기하급수적으로 급등한다.

PPL이 만연해 있다보니 어이없는 경우도 있다. 방송통신대에는 독특한 이력의 학생들이 많아 그들의 이야기를 보여주고자 하는 휴먼 다큐, 아침 교양 프로그램들이 섭외를 부탁해온다. 혹시나 홍보에 도움이 될까 해 특이 학생들을 섭외해준다. 그러나 방송화면에는 인물의 정확한 소속이 나오지 않는다. 광고 우려가 있어 가린다는 것이다.

한 방송국의 외주 제작팀에서 연락이 왔다. 방송통신대 일본학과에 다니는 60대 노인의 공부하는 모습을 촬영하고 싶다고 했다. 홍보팀은 당사자에게 전화해 협조를 구했다. 관련 부서에도 전화해 촬영을 지원해달라는 당부를 했다. 녹화가 진행되었고 방송이 나갔다. 그런데 소개에는 그냥 '일본학과 4학년 ○○○'라고만 나왔다. 학교에서 적극적으로 협조한 터라 제작팀에 바로 전화를 했다. 해당 작가는 이해는 하지만 어떻게 할 수 없다는 입장을 밝히며, 인터넷 게시판에는 소개하겠다고 했다. 시청률이 높은 TV와 조회 수가 얼마 안 되는 게시판에 올리는 것은 천양지차니 재방송에라도 정확히 밝혀달라고 했지만 불가능하다며 거부했다.

또 다른 이야기다. 아침 교양 프로그램 외주제작사에서 연락이 왔다. 많은 대학들이 등록금 카드 납부에 부정적인 입장이라며 방송통신대는 카드 납부를 선도하는 대학이니 입장을 설명해달라는 내용이었다. 긍정적인 내용이었기에 협조하기로 하고 학교 사무국장(인사, 총무, 재정 총괄 책임자)이 인터뷰할 수 있게 했다. 취재 온 PD에게 학교 기념품도 선물하는 등 성심성의를 다했다. 인터뷰 전후로 꼭 학교명이 나오게 해달라는 당부까지 곁들였다. "잘 나갈 테니 걱정하지 말라"는 확인까지 받았다.

며칠 후 방송이 나왔다. 그런데 자막에 '사무국장 ○○○'이라고만 나왔다. 방송을 보면 대학교의 사무국장인지 다른 기관 소속의 사람인지도 가늠하기 어려울 정도였다. 담당 PD에게 전화를 했다. 죄송하다는 말만 반복할 뿐 역시 자신이 할 수 있는 게 없다고 했다. 이후부터는 다른 프로그램에서 섭외 의뢰가 올 때마다 적극적으로 도울 테니 학교명을 꼭 보여달라고 요청했다. 하지만 대부분 더 이상의 연락이 없었다.

이렇듯 방송에 직접적으로 협조를 해도 학교명이 나가는 것은 광고 효과를 주기 때문에 배제한다는 것이다. 그렇다면 PPL을 해야만 정당하게 노출할 수 있는 것인가. 먼저 취재 의뢰를 해놓고 취재원의 소속조차 밝히지 않는다는 것은 앞뒤가 맞지 않는다. 요즘은 PPL을 하지 않는다면 방송프로그램을 통한 학교 노출이 쉽지 않은 상황이다.

35 인포그래픽을 활용하라

    2011년 새로운 서울시장이 뽑혔다. 박원순 시장은 변호사면서 시민운동을 통해 입지를 다진 인물이다. 그의 취임식은 남달랐다. 기존의 형식적인 행사를 하지 않고, 서울시장에 대한 궁금증을 유튜브를 통해 실시간으로 공개했다.

    서울시의 시정 상황 소개도 특이했다. 표가 아닌 그림을 보여주었다. 바로 인포그래픽infographic[24]이었다. 서울시가 가지고 있는 문제점 등을 한눈에 알아보기 쉽게 표현해놓았다. 기존에는 수치나 양을 알려면 글자까지 꼼꼼히 읽어야만 했다면, 인포그래픽

---

24 인포메이션 그래픽(Information graphics) 또는 인포그래픽(Infographics)은 복잡한 정보를 빠르고 명확하게 표현하기 위해 정보, 자료, 지식 등을 그래픽으로 시각화한 것을 말한다(위키백과 참고).

은 이를 그림으로 표현해 한눈에 알아볼 수 있게 했다. 해외에는 인포그래픽 전문회사가 있고, 인터넷에는 화려하면서도 간결한 인포그래픽들이 검색된다.

대학도 여러 가지 인쇄, 영상자료를 많이 만든다. 성균관대는 해마다 학교의 발전 현황을 다루는 ≪SKKU Report≫가 있고, 방송통신대는 ≪Fact & Figure≫가 있다. 연도별로 달라지는 대학 내 다양한 정보를 일목요연하게 정리한 책자다.

홍보영상을 만들 때도 대학순위, 우수학생 유치 현황, 지원율 등 다양한 자료들이 표로 표현되곤 한다. 공문에서는 정확하고 단순하게 자료를 정리하는 것이 의미가 있어 기존 방식을 유지하는 게 좋을 수 있지만, 고객(학생, 학부모, 예비지원자 등)이 보는 자료는 철저하게 고객 중심이어야 한다. 즉, 인포그래픽을 추천한다.

방송통신대는 국내 유일한 국립원격대학으로 다양한 장점이 있다. 얼마 전까지는 텍스트와 막대그래프나 원그래프를 이용한 표현방식을 유지했다. 하지만 이를 인포그래픽으로 바꿨다. 프레스키트를 만들거나 보도자료를 작성할 때 쉽게 이해할 수 있도록 지표들을 인포그래픽으로 정리하는 것도 좋다. 최근에는 인포무비infomovie라고 해 인포그래픽을 동영상으로 제작해 보여주기도 한다.

새로운 것을 받아들이는 데 가장 민감한 곳이 기업, 그다음이 정부, 그리고 마지막이 학교라는 말이 있다. 그만큼 새로운 연구를 통해 기술을 개발하기도 하지만 제도적인 변화는 가장 느린 기관이 학교라는 인식에서 나온 말일 것이다. 대학도 새로운 환경 변화에 민첩하게 대응할 필요가 있다. 특히 홍보맨은 새로운 정보의 첨병 역할을 해야 한다.

36 소셜미디어가 대세다

홍보부서의 예산이 삭감된다면 그만큼 광고예산도 함께 축소된다. 경기불안, 학령인구 축소에 따른 입학인원 감소 등 원인은 다양하다. 버스, 지하철, 극장, 전광판, 라디오, TV, 신문, 잡지, 무가지, 인터넷, 모바일 등 다양한 광고매체를 사용했지만 홍보부서의 예산이 삭감되면 그럴 수 없게 된다.

광고는 군대와 같다. 전쟁이 나면 군대가 필요하지만 평화가 유지될수록 필요성에 대해 회의적이다. 사회 경제적으로 위기 상황이나 내부적으로 긴축재정의 필요성이 제기될 때 가장 쉽게 줄이는 예산항목이 광고비다. 또한 광고 범람으로 인해 신뢰도가 낮아져 부정적인 인식이 점점 강해지고 있는 현실도 광고예산을 줄이는 데 한몫한다.

이럴 때 부각되는 것이 PR의 일종인 퍼블리시티publicity(언론보도)다. 광고에 비해 큰돈이 들지 않으면서도 기사가 가진 신뢰성에 힘입어 믿음직한 정보로 인식되기 때문이다. 하지만 기사화되기가 쉬운가. 광고는 광고비를 지불하면 확실히 실리지만, 기사는 그렇지 않다. 콘텐츠도 좋아야 하지만 상황도 맞아야 한다. 그렇다면 광고의 파급력과 언론보도의 신뢰성 모두를 저렴한 비용으로 해결할 수 있는 방법은 무엇이 있을까. 바로 소셜미디어를 활용한 방법이다.

2013년 SNS에서 빅히트를 친 공군의 '레밀리터리블(뮤지컬 영화 〈레미제라블〉을 공군이 직접 패러디해 만들어 500만 회 이상의 조회 수에 도달한 바이럴 영상)'과 부산경찰청의 '귀요미송(여자 경찰이 노래를 불러 유명해져 95만 회 이상의 조회 수에 도달함)'은 좋은 본보기다. 이 영상들은 기관의 직접적인 홍보는 아니지만 재미있는 콘텐츠로 널리 퍼져 누리꾼들에게 해당 기관에 대한 좋은 인상을 심어줬다.

대학도 이런 방법을 적극 활용할 수 있다. 즉, 학교에 대한 형식적인 홍보보다는 학내 구성원들이 참여해 색다른 영상을 만드는 것이다. 그리고 유튜브, 비메오vimeo.com 등의 영상콘텐츠 사이트에 올리고 페이스북, 트위터 등의 SNS를 통해 바이럴 마케팅viral marketing(바이러스처럼 쉽게 옮겨지는 마케팅 기법)을 하면 된다. 콘텐츠가 어느 정도 조회 수가 나오면 이를 다시 보도자료로 만들어 언론에 노출되게 할 수도 있다. 대학별 립덥lip dub[25], 플래시몹flash mob[26],

---

25 립덥(Lip dub)은 립싱크와 오디오 더빙을 합친 뮤직비디오를 말한다. 개인 또는

매시업mashup[27] 영상이 그러한 예다.

　네이버는 SM엔터테인먼트와 함께 이러한 대학가의 트렌드를 반영해 공모전[28]을 개최했다. 2인 이상의 대학생이 SM 소속 가수들의 노래를 활용해 대학이나 동아리 등의 단체를 홍보하는 영상을 만들어 제출하는 방식이다. 총상금 500만 원을 내걸어 많은 대학생들이 참여했다.

　기존의 TV, 라디오, 신문 등의 매체는 표본조사를 통한 시청률, 청취율, 열독률 등을 파악한다. 반면에 소셜미디어, 인터넷, 모바일을 통한 노출은 CTRclick through ratio[29], CPCcost per click[30] 등의

단체가 노래를 들으며 립싱크를 하면서 영상촬영한 후 오디오 부분을 원곡으로 덮어씌운다(위키백과 참고).

26 플래시 몹(flash mob)은 여러 사람들이 공공장소에 갑자기 모여 짧은 시간 동안 독특한 공연을 하고 사라지는 행위를 말한다. 단순히 재미나 예술적인 표현을 위해 진행한다(위키백과 참고).

27 '매시업(Mashup)'이란 기존에 있던 여러 개의 비디오 소스를 하나로 묶는 영상을 말한다(위키백과 참고).

28 2013년 4월 실시.

29 인터넷상에서 배너 하나가 노출될 때 클릭되는 횟수를 뜻한다. 보통은 '클릭률'이라고 한다. 예컨대 특정 배너가 100번 노출되었을 때 3번 클릭된다면 CTR은 3퍼센트가 되는데, 일반적으로 1~1.5퍼센트가 광고할 만한 수치이다(김석규, 『2010 경제신어사전』, 926~927쪽).

30 각종 포털이나 블로그, 검색 사이트에 사용되는 새로운 광고 모델이다. 기존의 광고 방식과는 다르게 광고주는 사용자가 실제로 광고주의 사이트로 들어오게 하기 위해 광고를 클릭한 횟수당 비용을 지불하는 형식이다. CPC(cost per click)는 때때로 PPC(pay per click)와 별다른 구분 없이 사용되는데, 클릭 횟수를 기준으로 광고 단가를 산정하는 방식이 같기 때문이다. 두 단어의 미세한 차이점을 살펴보면, PPC 방식은 단지 클릭이 일어난 횟수만을 기준으로 광고 단가가 책정되는

계산법에 의해 집계되어 1인에게 노출된 비용을 정확히 알 수 있다. 광고주 입장에서는 이렇듯 예산 집행의 구체성과 명확성이 있어 좋다. 이것이 바로 최근 들어 소셜미디어를 활용한 '알리기'가 늘어나고 있는 이유다. 이럴수록 더욱 중요성이 부각되는 것이 콘텐츠의 품질이다. 비용 대비 극적 효과를 원한다면 양질의 콘텐츠를 개발해 소셜미디어를 통해 확산시켜보자.

반면, CPC는 총 임프레션에 대한 클릭 횟수를 기준으로 광고주와 매체사가 협상하여 광고 단가를 책정한다(김석규, 같은 책, 924쪽).

대학 최초 매시업 뮤비 인기 Up, 학생 참여로 재미 Up

한국방송통신대학교의 매시업 MV(뮤직비디오) 동영상이 화제다. 이 영상은 방송통신대 홍보단과 학생들이 참여한 홍보 영상으로 게시된 지 10일 만에 유튜브 조회 수 10만 건을 훌쩍 넘겼다.

컴퓨터를 통해 강의를 듣는 직장인, 스마트폰으로 강의를 듣는 학생, TV로 강의를 시청하는 주부 등 다양한 연령대의 30여 명의 방송통신대 학생들이 나온다. 4분할에서 최대 25분할의 화면의 매시업 영상으로 온라인 캠퍼스 생활을 시각적으로 표현해 재미를 더한 것. 매시업 영상이란 한 화면을 여러 조각으로 쪼개 그 조각마다 서로 다른 영상을 모자이크처럼 배치한 것을 말한다. 일반적으로 많은 사람들이 참여하여 협업하는 형태로 제작된다.

제작을 맡은 오한웅 씨(32)는 "대학마다 학생들이 립덥Lip dub(립싱크와 더빙을 합친 조어) 기법으로 뮤직비디오를 제작하는 경우는 많으나 매시업 영상은 방송통신대가 국내 최초"라고 했다.

이 영상은 유튜브뿐만 아니라 페이스북 등 SNS를 통해 퍼가기를 하고 있어 조회 수는 앞으로 더욱 증가할 것으로 보인다. 특히 젊은 세대들 사이의 관심이 뜨거워 학교와 더불어 동영상에 출연한 학생들에 대한 이목도 집중되고 있다. 촬영에 참여한 경영학과 3학년 김민채 씨(23)는 "간단한 동작이지만 설계도에 맞게 움직여야 해 촬영하는 게 쉽지 않았다"며 "최종 그림은 편집을 하고 나서야 알 수 있어 이를 한 데 모아보니

233

또 다른 그림이 만들어져 신기했다"고 했다.

방송통신대는 호응을 높이기 위해 페이스북 이벤트에 참여하면 추첨을 통해 스타벅스 커피 쿠폰을 준다. 이벤트는 신·편입생 모집기간과 같은 1월 10일까지 진행된다.

방송통신대 보도자료(2013년 1월 8일)

★★★
3부 관리의 법칙
위기에 대비하라

37 홍보맨은 리스크 매니저

노아웃 주자 만루. 구원투수가 교체 투입된다. 모든 관중의 시선은 투수에게 집중된다. 현재의 최악의 상황을 만든 이가 구원투수는 아니지만 책임을 지고 실력을 보여야 한다. 분위기를 압도해야 하고 자신에게 집중된 상황을 잘 활용해야 한다. 노련미가 필요하다. 경험이 많을수록 대처가 유연하다. 이때 한 점도 내주지 않는다면 최고의 찬사를 받겠지만 최소한의 점수로 막는 것도 크게 인정받을 수 있다.

홍보맨의 역할은 바로 구원투수와 같다. 학교와 관련한 부정적 사건이 발생했을 경우 대처하는 수준이 '홍보맨의 실력'을 입증한다. 크게 세 가지 측면에서 대비가 필요하다.

첫째, 실시간 뉴스 모니터링

— 일일 뉴스·인터넷 동향 파악, 네트워크 활용한 정보라인 구축

o 언론매체 검색을 통한 실시간 뉴스 모니터링

o 인터넷(검색어, SNS 등)상 부정 여론 실시간 모니터링

o 기자, 광고 담당자, 취재원 등을 통한 보도 전 정보 수집

둘째, 대학 구성원 대상 사전 교육

— 교수, 직원, 조교 등에게 기사 제보 및 위기 대응 방법 교육

o PR의 기본 원리 및 저작권 교육

o 학내 정보 수렴 창구로서의 홍보부서(담당자) 역할 각인

o 언론 대응 기본 원칙인 한목소리one voice 유지

셋째, 위기 관리 매뉴얼 구비

— 사전 준비로 위기 시 신속한 T/FTask Force팀 구성 및 대책 마련

o 신속한 대응 마련을 위한 구성원과의 긴밀한 관계 유지

o 대학 내 위기 상황을 예측해 대응 방법 준비

o 위기 관리 T/F팀 모델을 구성해 크고 작은 문제에 대응

※ 실제 위기 발생 시 매뉴얼을 참고하되 유연하게 대처

　　프로 선수는 항상 준비된 자세로 있어야 한다. 부정적인 상황은 언제, 어디서 생길지 모르기 때문이다. 위기 상황도 다양해서 노아웃 주자 만루부터 투아웃 만루 상황일 수도 있고, 동점 상황

에서 볼카운트 하나로 승패가 결정이 날 때도 있다. 이때 투수는 무조건 스트라이크 삼진 아웃을 노리지 않는다. 일부러 타자에게 치기 좋은 공을 던져 뜬공으로 아웃 카운트를 늘리거나, 병살타를 유도하는 경우도 있다.

언론 홍보에서 위기 관리도 마찬가지다. 많은 위기 상황 중에는 사건 사고와 같은 학교 구성원의 사안인 경우도 있지만, 이미 뿌리 깊이 곪아 있는 학교의 문제여서 절대 피해 갈 수 없는 사안인 경우도 있다. 이때 홍보부서에서 무조건 기자의 연락을 피하고 정보를 주지 않는 것보다 오히려 충분히 이야기를 나눠 상황을 이해시키고 학교의 입장을 공감하게 하는 게 나을 때가 있다.

즉, 문제를 없애는 것이 홍보맨의 역할이 아니라 그 위기 상황을 어떤 국면으로 끌고 가느냐가 바로 리스크 매니저인 홍보맨이 할 일이다.

38 뉴스 모니터링은 홍보의 에너지원

홍보맨의 하루는 다른 부서원들보다 좀 더 일찍 시작한다. 누구보다 먼저 언론사 기사를 검색해서 스크랩한 후 보고해야 하기 때문이다. 긍정적인 취재가 있은 후에는 기대감에 부풀기도 하지만, 부정적인 이슈로 기자와 연락한 다음에는 더욱 긴장해서 보게 된다. 좋건 나쁘건 관련 기사에 따른 후속 조치가 필요하다. 때로는 홍보팀에서 알지 못한 상태에서 기사가 나는 경우도 있어 꼼꼼히 살펴야 한다.

뉴스 스크랩은 홍보맨에게 가장 번거로운 일이기도 하지만, 꼭 챙겨야 할 식사와 같은 일이다. 밥을 통해 에너지를 얻듯 스크랩을 통해 정보를 습득하고, 구성원들과 소통의 소재를 발굴하기 때문이다. 뉴스 스크랩의 카테고리는 대학의 종류와 총장, 기관장의 관심사에 따라 조금씩 다르겠지만, 기본적으로 크게 구분하면 다음과 같다.

대학 소식

대학명, 총장 이름 등으로 검색한 경우다. 약칭과 별칭 등 대학마다 특성에 맞게 다양한 이름이 있어 모두 검색어로 넣어야 한다. 세부사항으로는 총장, 단독 기사, 기획, 동정, 동문 소식 등이 있다.

교육부 소식

교육부 관련 뉴스를 알아야 교육계 트렌드를 읽을 수 있다. 장관, 차관의 행보도 담으면 좋다. 교육부 지원 사업이나 입시 관련 뉴스 등을 담는다. 교육부, 장관 이름, 차관 이름, 유관 부서명, 특정 사업명 등을 검색한다.

유관 기관 소식

한국대학교육협의회, 전문대학협의회 등의 단체뿐 아니라 대학별 특성에 관련된 기관들이 있다. 대학이 속한 지역기관의 행보도 알 필요가 있다. 대학 이슈에 따른 전문 언론사도 검색 매체에 포함시키면 좋다.

타 대학 뉴스

대학마다 관심을 갖는 타 대학이 다르다. 국립대, 사립대, 원격대, 전문대, 산업대, 기술대, 기능대, 기술원 등 각 대학이 속한 분류에 맞게 대학명을 검색해 대학 동향을 알도록 하면 좋다.

사회면 톱기사

신문의 사회면 중 톱으로 실린 기사를 스크랩할 필요가 있다. 비록 대학 기사가 아니더라도 이 기사들을 통해 사회 트렌드를 파악할 수 있다.

또한 이러한 기사는 신문사별 보도 취향을 알 수 있는 단서가 된다. 언론사마다 바라보는 시각이 다르기 때문이다. 사회면 톱을 노린다면 보도자료를 작성할 때 언론사의 성향을 참고하면 좋다.

1면 톱기사

주요 언론사의 1면 톱기사도 정리해서 스크랩할 필요가 있다. 스크랩은 실제로 총장에게 사회 전반에 관한 동향을 보고하는 데 큰 의미가 있다. 수많은 신문들을 한꺼번에 볼 수 없기 때문에 정리한 내용만으로도 사회 흐름에 대한 이해를 도울 수 있다.

동정 · 인사 · 부고

대학 및 유관 단체의 소식은 앞의 영역에서 모두 검색되지만 이외의 기관 단체 중에 주요인물의 동정 · 인사 · 부고는 모두 알 수 없다. 총장 및 기관장들은 사회 저명인사들과 다양한 인맥관계가 있어 주요 매체의 이러한 소식들을 뒤에 덧붙여주면 도움이 된다.

242

스크랩하는 방법은 다양하다. 직원이 직접 하기도 하고 근로학생을 고용해 기본 자료를 수집하기도 한다. 요즘은 저작권 문제 등으로 인해 점차 뉴스 스크랩 대행업체의 솔루션을 많이 사용하는 추세다.

스크랩 대행사

스크랩 대행사 중에는 프로그램을 직접 개발해 검색 및 스크랩 솔루션을 보유한 대표적인 업체 두 곳이 있다. 하나는 D사의 'S 솔루션'이고, 다른 하나는 B사의 'e솔루션'이다. 현재 뉴스 스크랩 시장의 대부분을 이 두 회사가 나눠 갖고 있다. 서비스 특징은 국내 대부분의 언론사와 협약해 뉴스 검색을 할 수 있고, 해당 솔루션을 활용하면 신문지면과 똑같은 PDF를 오려서 깔끔하게 스크랩이 가능하다. 독자들에게 이메일을 발송하거나 게시판의 링크를 통해 스크랩된 기사를 볼 수 있다.

비용은 언론사별 신문 구독 수와 수신자 수, 서비스의 옵션에 따라 가격이 다르다. 현재는 매체당 한 달 구독료가 1만 9,800원, 내부 게시판에 게시하면 13만 2,000원, 모바일에서 보게 하면 11만 원의 이용료를 낸다. 외부 홍보용으로 활용하면 추가로 비용을 지불해야 한다. 여러 가지 서비스를 동시에 이용하면 할인도 해준다(2014년 3월 기준).

하지만 스크랩된 내용을 무단으로 배포하는 등 문제가 계속 발생하자 (문화체육관광부가 지정한 뉴스 저작권 신탁관리기관인) 한국언

매체당 뉴스 스크랩 월 이용료

(단위: 원/부가세 포함)

그룹	직원 수	내부 라이선스 (내부 직원용)	통합 라이선스 (내부 직원용 +외부 홍보용)	비고 (통합)
1	3,000명 이상	275,000	440,000	내부+165,000
2	2,000명 이상~ 3,000명 미만	220,000	385,000	내부+165,000
3	1,000명 이상~ 2,000명 미만	165,000	385,000	내부+165,000
4	500명 이상~ 1,000명 미만	121,000	231,000	내부+110,000
5	100명 이상~ 500명 미만	88,000	198,000	내부+110,000
6	100명 미만	55,000	165,000	내부+110,000

주: 이 조사에는 다음 81개의 매체가 참여했다. 경향신문, 국민일보, 내일신문, 동아일보, 문화일
보, 조선일보, 중앙일보, 서울신문, 세계일보, 한겨레신문, 한국일보, 강원도민일보, 강원일
보, 경기일보, 경남도민일보, 경남신문, 경상일보, 경인일보, 광주일보, 국제신문, 대구일보,
대전일보, 매일신문, 무등일보, 부산일보, 새전북신문, 영남일보, 울산매일, 인천일보, 전남일
보, 전북도민일보, 전북일보, 제민일보, 제주일보, 중도일보, 중부매일, 충북일보, 충청일보,
충청투데이, 한라일보, 머니투데이, 매일경제, 서울경제, 아시아경제, 아주경제, 한국경제,
헤럴드경제, 파이낸셜뉴스, 이데일리, 스포츠서울, 스포츠칸, 스포츠한국, 일간스포츠, 스포
츠동아, 중앙데일리, 코리아타임스, 코리아헤럴드, 환경일보, 전자신문, 디지털타임스, 머니
위크, 이코노믹리뷰, 중앙선데이, 미디어오늘, 기자협회보, PD저널, 김포뉴스, 당진시대,
옥천신문, 평택문화신문, 홍성신문, 대덕넷, 브레이크뉴스, 데일리안, EBN산업뉴스, 스투닷
컴, 노컷뉴스, 뉴스핌, 소년한국일보, 어린이강원, 어린이동아

자료: 뉴스 저작권 이용 상품 가격 변경 안내 및 한국언론진흥재단 미디어정보팀의 「2014년
뉴스 이용 예산 확보 요청 공문」 내용(2013년 7월 25일) 참고.

론진흥재단은 뉴스 저작권의 올바르고 합법적인 이용을 위해 새
로운 기준을 제시했다. 2013년 7월 25일 자로 국가기관, 지자체,
공공기관에 공문을 보내 기관의 직원 규모에 따라 기준 가격이 달

라졌음을 알리며 2014년 하반기부터 실시하겠다고 밝혔다. 직원 수가 3,000명 이상인 경우 내부 직원용(전자 스크랩, 내부 게시판, 모바일)은 매체당 27만 5,000원으로 했고, 외부 홍보용(홈페이지+대외발송)은 16만 5,000원으로 정했다. 앞의 표는 직원 수에 따른 기준가격이다.

기능에는 기본적인 검색, 스크랩 기능, 카테고리 분류 기능, 평가 기능 등이 있다. 기사 분석 기능에는 긍정적, 부정적 기능 등을 구분하는 등 세심한 보고 기능까지 포함한다. 이런 식의 모든 기능과 서비스를 받을 경우에는 연간 1억 원이 넘는 비용이 든다.

업계에 따르면 현재 우리나라 정부와 공기업은 대부분 이 서비스를 활용하고 있다. 대학은 이 정도까지 고비용 서비스를 받지 않지만 점차적으로 검색과 스크랩 기능을 갖춘 기본 서비스를 받는 경우가 늘어나고 있다. 특히 최근 들어 대학마다 저작권이 있는 기사 등을 활용하기 힘들어하는데, 이 두 업체는 한국언론진흥재단에서 지정한 공식 사업자라 저작권 문제에 관한 고민을 해결할 수 있다.

39 저작권, 제대로 알자

대학 홍보에서 뜨거운 감자 중 하나가 저작권이다. 한국대학
홍보협의회에서도 이 부분에 대한 관심이 많아지자 전문가를 초
빙해 강의를 했다. 한국언론진흥재단에서 주최한 공공기관 홍보
담당자 교육에서도 저작권에 관한 강연이 있었다. 디지털 데이터
가 많아지자 복제가 쉬워지고 그에 따라 원저작자들의 피해가 도
를 넘어서고 있으며, 관련 법령이 점점 구체화되어가며 계속해서
발전하고 있는 단계라는 것이 그 요지다.

저작권은 인간의 사상 또는 감정을 표현한 창작물인 저작물에
대한 배타적·독점적 권리[31]를 말한다. 우리가 홍보에서 주로 다

---

[31] 지적소유권을 구성하는 2대 부문의 하나인 저작권은 문학, 연극, 음악, 예술,
및 기타 지적·정신적인 작품을 포함하는 저작물의 저작자에게 자신의 저작물을

뉴스 저작물의 종류

종류	설명
어문 저작물	신문·인터넷 등에 텍스트 형태로 보도된 뉴스 무형의 구술에 의해 방송뉴스 등에서 기자가 보도한 뉴스
사진 저작물	언론사 기자가 촬영한 보도사진
음악 저작물	방송뉴스 등에 포함된 음향 및 고유의 음악
영상 저작물	방송·인터넷 등에서 영상으로 제작·보도한 뉴스
인터넷 매체	언론사 홈페이지
전문지	언론사 홈페이지

자료: 『뉴스 저작권 가이드북』, 7쪽 정리.

루는 저작물은 뉴스다. 문화체육관광부와 한국언론진흥재단이 2012년 발행한 『뉴스 저작권 가이드북』에는 뉴스 저작물의 개념을 "시사보도·여론형성·정보전파 등을 목적으로 발행되는 정기간행물·방송 또는 인터넷 등에 수록된 저작물"이라고 밝히고 있다.[32]

저작권법 4조의 저작물 분류에 의하면 문자에 의한 일반적인 뉴스 저작물은 어문 저작물에 속한다. 보도사진은 사진 저작물에, 사진기사와 결합된 동영상물은 영상 저작물에 포함된다. 뉴스 저작물은 주로 세 가지 형태를 포함하며 저작권법의 보호 대상이다.

사용 또는 수익처분하거나 타인에게 그러한 행위를 허락할 수 있는 독점배타적인 권리이다. 저작권은 복제에 의한 저작권자의 저작물 판매·배포, 즉 출판 또는 발행을 못하도록 보호하는 권리이다(김석규, 『2010 경제신어사전』, 637쪽).

32 문화체육관광부·한국언론진흥재단 편저, 『뉴스 저작권 가이드북』(2012), 7쪽

대학은 고등교육기관이라 상업적인 목적으로 사용하지 않으니 저작권법에서 제외될 거라며 잘못 알고 있는 경우가 있다. 하지만 저작권법에서는 공익, 비영리 등의 상황을 따로 제외시키지 않고 있어 저작물을 이용하는 데 사전 허락이 반드시 필요하다.

한국언론진흥재단 홈페이지에서 밝히는 뉴스 저작권 침해 사례는 크게 네 가지로 무단전재, 뉴스 저작물 데이터베이스화, 프레임 링크·임베디드 링크,[33] 신문 잡지의 광고 등을 모아 개인 홈페이지나 블로그에 게재하는 것 등이다. 한국언론진흥재단은 합법적인 뉴스 저작물 사용방법으로 뉴스 저작권 신탁관리기관을 활용할 것을 권장하고 있다.[34]

이미지·서체 저작권

한 대학의 경우 홈페이지 폰트 저작권 침해에 관한 문제로 법률회사의 전화를 받았다. 오래전 외부업체를 통해 홈페이지를 만들었는데 사이트 내의 폰트 이미지가 문제라는 것이다. 그런데 홈페이지 제작업체가 폐업을 한 상태여서 연락하기가 힘들었다. 수소문한 끝에 연락이 됐지만 당시 계약내용에는 이와 관련된 내용이 기입돼 있지 않아 결국 그 대학은 합의금을 냈다.

---

33 『뉴스 저작권 가이드북』, 17쪽. 프레임 링크(frame link): 다른 사이트의 내용을 자사 홈페이지처럼 보이도록 연결하는 링크, 임베디드 링크(embedded link): 내부에 음악, 동영상 등(플래시 포함)의 파일을 연결, 실행시키는 링크.
34 뉴스 저작권 신탁관리기관(한국언론진흥재단).

몇 년 전부터 이와 같은 전화가 여러 대학에 종종 걸려 온다. 방송통신대에도 전화가 왔다. 한 이미지 사이트의 저작권 대행을 맡고 있다며, 방송통신대 블로그에서 사용하는 이미지가 저작권을 위배했다는 게 요지다. 내용을 조사하니 온라인 홍보대행업체에서 구매한 이미지여서 아무런 문제 없이 넘어갔다.

대학은 인쇄물이나 웹디자인을 외주로 주는 경우가 많다. 예산 규모에 따라 큰 업체도 있지만, 작은 영세업체도 있다. 그러다보니 임의로 이미지나 폰트 등을 가져다 쓰는 경우가 있다. 사용 당시에는 그 사실을 몰랐다가 문제가 불거져 연락하면 관련 업체가 이미 폐업해 연락이 안 되면 고스란히 학교나 기관이 그 책임을 지게 된다. 이러한 사정을 역이용하는 로펌도 있다("로펌, 합법과 협박의 두 얼굴", ≪매일경제≫, 2011년 5월 29일).

이러한 문제에 대비하기 위해 정상적으로 이미지나 폰트를 구매해야 하고, 외주업체들에게도 정확하게 말해 계약서에 저작권에 관한 내용을 분명히 명기하게 해야 한다. 또한 전 직원들을 대상으로 저작권에 대한 교육을 해 주의를 줄 필요가 있다.

40 한목소리로 대응하라

　문제가 있을 때는 피하고 싶은 존재가 바로 기자다. 하지만 무
조건 피하는 것만이 상책은 아니다. 홍보부서를 통해 일관성 있는
'한목소리one voice'를 유지하면서 합리적으로 대처하면 오히려 상황
을 유리한 쪽으로 이끌 수 있다.

　어느 날 학교의 한 부서에 전화가 왔다. 기자들은 필요한 취잿
거리가 있으면 앞뒤 가리지 않고 바로 해당 부서에 전화해 물어보
곤 한다. 국민의 알권리를 지키기 위한다는 게 이유다. 이런 전화
는 홍보맨에게도 부담스러운데 다른 부서의 직원들은 어떻겠는
가. 전화를 받은 직원은 기자를 상대한 경험이 없었기 때문에 긴
장하면서 답변을 했다. 부지불식간에 취재 대상이 되어 대화를 나
눈 후 홍보팀에 연락을 했다.

　이렇게 전화로 취재하는 경우 대부분이 부정적인 사안에 대한

확인이기 때문에 어느 순간 기자가 원하는 답변을 하거나 녹취를 당할 수 있다. 또한 부정적인 상황이란 걸 느끼면서도 긴장이 돼 변명 식의 인터뷰를 하게 된다. 하지 말아야 할 말을 하게 되어 문제를 키우는 경우도 있다. 전후 사정을 설명하며 정상적으로 답변한 것 같지만, 막상 신문이나 방송에서는 기자가 필요한 맥락의 답변만 편집되어 쓰일 수 있다.

이러한 상황에 대비하기 위해 내부 직원들에게 '한목소리'에 대해 알릴 필요가 있다. 즉, 기자의 전화를 받으면 홍보팀을 통해서 답변하도록 하는 것이다. 대신 매체명과 기자 이름, 연락처, 질문 등을 꼭 받아 전달해야 한다. 홍보팀의 경우 언론사와 네트워크가 있어 취재 의도를 파악할 수 있는 경로가 있기 때문이다. 마음이 조급해져 언론사의 이름 정도만 기억했다면 다시 전화가 올 때라도 꼭 물어보도록 해야 한다.

다른 문제로 같은 부서에 또 전화가 왔다. 한목소리에 대해 교육을 받은 상태여서 담당직원은 바로 답변하지 않고 기자 연락처와 질문을 홍보팀에게 전달했다. 기자 질문과 의도를 알아보니 관련은 있지만 원인 제공은 다른 기관에서 한 사실을 알아냈다. 기자에게 상황을 자세히 설명하자 학교의 입장을 이해했다. 얼마 후 관련 기사가 보도되었지만 학교명이 언급되지는 않았다. 한목소리를 통해 일관되고 준비된 답변을 했기 때문이다. 만약 앞 사례처럼 담당부서에서 당황한 상태로 직접 설명을 했다면 기자로 하여금 부정적인 생각을 하게 해 말꼬리가 잡힐 수도 있었다.

기자를 피하거나 진실을 왜곡, 축소하라는 말이 아니다. 갑작스럽게 기자를 상대하다보면 당황하게 되어 생각지도 못한 말을 할 수 있음을 주의하라는 것이다. 한번 기사가 나가면 이를 바로 잡거나 수정하는 것은 훨씬 더 힘들고 험난한 길이다. 그렇기 때문에 더욱더 한목소리라는 가장 간단한 방법을 교내 구성원들이 숙지할 수 있도록 홍보팀에서 지속적인 안내와 교육을 할 필요가 있다.

부정적인 취재에 한목소리로 기자 대응하기

타 부서에 취재 요청 시	기자 질문에 직원 개인이 설명을 바로 하지 말고, 기자 이름, 언론사명, 연락처, 질문 등을 확인한 후 홍보팀에 전달

⇓

관련 부서 소집 후 대책 회의	홍보팀은 기자의 질문 배경과 의도를 파악하고 관련 부서와 함께 상황을 조사해 공식적인 학교 입장 준비

⇓

홍보팀이 한목소리로 답변	홍보팀이 기자에게 답변하되 기자가 추가로 질문하면 다시 관련 부서와 협의 (기자가 해당 부서와 직접 통화를 원할 경우 부서 간 협의된 내용을 중심으로 답변)

⇓

후속 보도 예측	취재 후 보도 예정일, 보도 범위 등을 기자에게 구체적으로 물어봐 보도 내용을 미리 예측하고, 후속 보도 및 타 언론사에 미칠 파장 예상

⇓

뉴스 스크랩 및 결과 보고	보도 결과를 보고하며 추후 대책 마련

41 부정적인 기사에 대응하는 법

부정적인 기사는 여러 상황 속에서 나올 수 있다. 각기 상황에 따라 대응 방법은 다르지만 긴급회의를 통해 빨리 대처하는 것이 가장 중요하다. 그냥 사그라질 것이라고 생각하며 기다리는 것은 현명한 방법이 아니다.

신속한 대처

아침 6시 30분, 휴대전화 벨소리가 울렸다. 느낌이 안 좋았다. 이른 아침에 오는 전화는 거의 100퍼센트 부정적인 사건에 관한 질문이기 때문이다. Y통신사 K기자가 조간신문 가판을 보고 전화한 것이다. 상황 설명과 함께 관련 담당자들의 전화번호를 물었다. 보고를 해야 한다는 이유다. 기사 내용을 모르니 당연히 사실 여부나 관계자 전화번호도 알 수 없었다. 부랴부랴 기사를 검색하고 학교에 도착해서 상황을 파악했다. 한 부속 기관의 구성원들 간의 갈등이 표면화된 것으로, 그중 한 명이 제보를 해 기사가 났던 것이다. K기자는 후속 취재를 위해 학교로 왔다. 만약 '비리' 문제라면 충분히 큰 기사로 커질 수 있는 상황이었다. 다행스럽게 단순 갈등이라는 것으로 판명이 나 더 이상의 취재는 없었다. 하지만 홍보 담당자로서는 긴장할 수밖에 없었다.

이렇듯 생각지도 않은 부정적인 기사가 나오는 경우가 있다. 기자들이 물먹을 때 큰 곤란을 겪듯이 홍보맨들에게는 이때가 가장 힘든 경우다. 새벽이나 야심한 밤에 기자들의 전화가 오기도 하고, 출근하자마자 교내 이곳저곳을 다니면서 대응책을 마련하기도 한다. 빨리 상황을 파악하고 기자들이 납득할 수 있게 자료를 만들어 대비해야 한다.

가장 주의해야 할 점은 여러 언론사에서 관심을 가질 때 언론사를 차별 없이, 일관성 있게 대해야 한다는 점이다. 기자들을 차별적으로 대한다는 느낌을 주면 오히려 적대감을 갖고 더욱 부정적인 시각으로 접근할 수 있다.

항의하기

때로는 긍정적인 내용인 것처럼 취재하고는 부정적으로 기사가 나가는 경우도 있다.

성공적인 장학금 모금 캠페인이 진행되고 있었다. 기부자들은 서울과 수원에 있는 캠퍼스 주변 상가 주인들이었다. 이와 관련한

254

긍정적인 뉴스가 대서특필되어 고무적인 상황이었다. 그런데 어느 날 경기지역 K신문사 M기자에게 전화가 왔다.

"모금을 많이 했던데 현황이 어떤가요?"

"기사에서 봤겠지만 ○○개 상가가 ○○억 원 기부 약정을 했습니다."

"기부하지 않은 다른 상가들의 반응은 어떤가요?"

"지금은 못하지만 다음에 기회가 되면 참여한다고 했습니다."

이런 내용의 대화가 오갔다. 그런데 다음 날 대학이 주변 상가간에 위화감을 조성했다는 식으로 기사가 나왔다. 기부(모금)가 가진 양면성을 부정적인 시각으로 보도했다. 기부한 이들을 띄워주고 기부하지 못한 이들은 상대적으로 차별을 받는다고 했다. 부정적인 기사가 아니라며 취재했던 기자에게 전화해서 이야기와 달리 이런 식으로 기사를 썼냐며 항의 전화를 하자, 할 말 있으면 언론중재위원회에 제소하란다. 어이가 없었다. 긴급회의를 했다. 더이상 대응하지 않기로 결론이 났다. 파급력이 큰 기사도 아니었고, 모금 캠페인에 대한 긍정적인 기사가 압도적으로 많았기 때문에 무시하기로 했다.

이처럼 앞뒤 다르게 기사를 쓸 경우 항의 전화를 하는 것이 옳다. 통화 중에는 기자와 홍보맨 간에 긴장감이 돈다. 하지만 꼭 전화해서 의견을 말하는 것이 좋다. 대학이 수동적인 기관이라는 이미지를 만들지 않기 위해서다. 또한 다른 사안으로 취재할 때 이점을 의식하게 하려는 의도도 있다. 단, 상대방의 감정을 건드리지 않으면서도 내용에 대해 논리적으로 반박해야 한다.

반박 기사, 독자 의견 제시

C월간지에 기사가 났다. 한 연합회장의 인터뷰 기사였는데, 학교에 대해 완전히 잘못된 정보를 담고 있었다. 방송통신대 수업은 온라인과 오프라인 교육을 결합한 블렌디드 러닝blended learning 방식이다. 그런데 TV로만 수업을 듣는다는 내용이었다. 학생의 제보로 알게 되었다. 잘못된 내용을 조목조목 정리해 담당기자에게 발송했다. 기자는 난감해했다. 인터뷰 기사지만 분명한 오보였기 때문이다. 기자와의 합의를 통해 우리 학생 중 한 명이 이와 관련한 의견 제시를 하기로 했다. 학교에 대한 정확한 정보 없이 인터뷰가 실린 점을 따끔하게 지적하며 올바른 설명을 담아 다음 호 뒷면에 독자 의견으로 크게 나왔다. 짤막하게 들어가는 정정보도보다 훨씬 더 효과적인 노출이었다.

기사가 나간 후 언론사에 연락해 잘못된 내용을 바로잡는 데는 다양한 방법이 있다. 인터넷 기사의 경우 바로 수정을 요청하면 받아들여지는 경우가 있다. 하지만 지면은 인쇄물이라 이를 바꾸기란 쉽지 않다. 기사를 조목조목 분석해 언론사에 직접 정정, 반론보도를 요청할 수 있지만, 언론중재위원회를 통해 제소하는 방법도 있다.

언론중재위원회를 통해 해결

인터넷 M매체에 방송통신대에 관한 오보가 났다. K대학 평생교육원에서 배포한 보도자료를 검증하지 않고 그대로 보도해 생긴 결과였다. 대학과 언론에 직접 연락할까 하다가 언론중재위원회를 통해 해결하기로 했다. 언론조정신청서(신청이유, 신청취지 포함)를 작성해 이메일로 보냈다. 몇 시간이 안 돼 전화가 왔다. 법적 절차이기 때문에 명확히 해야 한다며 자세히 상담을 해주었다.

접수를 마치자 이틀 후 등기우편으로 '조정기일 출석요구서'가 도착했다. 서울 중구에 있는 프레스센터에 있는 언론중재위원회에 출석하라는 내용이었다. 담당 조사관으로부터 전화가 왔다. 출석요구서를 잘 받았냐는 물음과 함께 해당 언론사가 오보임을 인정하고 수정 및 반론 보도를 할 뜻을 비쳤다고 했다. 출석 전날 언론사 국장이 직접 전화해 다시 한번 오보를 인정하며 사과했다. 학교는 조정신청을 취하하기로 했다. 심리가 있는 날 언론중재위원회에 출석해서 심리위원 4명 앞에서 상황을 알리고 취하할 뜻을 밝혔다. 이렇듯 언론중재위원회를 통한 중재는 신속하고 깔끔하게 진행됐다.

이렇듯 언론중재위원회는 「언론중재 및 피해구제 등에 관한 법률」에 의해 언론보도로 인한 분쟁을 조정·중재하고, 보도에 의한 침해사항을 심의하기 위해 설립된 준사법적 기관이다. 서울에 7개, 지방에 10개의 중재부가 있으며, 각 중재부는 현직 부장판사, 변호사, 10년 이상 경력의 전직 언론인, 언론학 교수 등 5명의

중재위원으로 구성돼 있다.[35]

언론중재위원회의 가장 큰 장점은 비용을 지불하지 않고 신속하게 해결할 수 있다는 것이다. 무료 상담뿐 아니라 대부분 14일 이내에 해결한다고 언론중재위원회는 밝히고 있다. 해결방법은 크게 '조정'과 '중재'다.

'조정'은 언론보도로 인한 분쟁을 중재부가 객관적, 중립적 입장에서 양 당사자의 의견을 듣고 당사자 간 합의를 이끌어내는 것을 말한다.

'중재'는 언론보도로 인한 피해자와 언론사 사이에 발생한 분쟁을 중재부의 결정에 따라 해결하는 것을 말한다. 중재 신청을 하려면 신청인과 피신청인 사이에 중재부의 중재 결정에 따르기로 하는 합의가 있어야 한다. 합의는 서면을 통해 제출한다.

언론중재위원회는 이와 관련해 언론사, 대학, 기업, 공공기관 등을 대상으로 분쟁 예방과 피해 구제를 위한 교육도 무료로 실시해 홍보 담당자는 들어볼 만하다.[36]

---

35 「언론보도로 인한 분쟁 어떻게 해결할까요?」(언론중재위원회, 2012), 19쪽
36 언론중재위원회(www.pac.or.kr).

언론보도로 인한 분쟁 해결 절차[37]

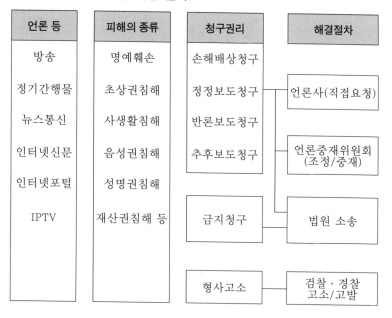

언론 등	피해의 종류	청구권리	해결절차
방송	명예훼손	손해배상청구	
정기간행물	초상권침해	정정보도청구	언론사(직접요청)
뉴스통신	사생활침해	반론보도청구	
인터넷신문	음성권침해	추후보도청구	언론중재위원회 (조정/중재)
인터넷포털	성명권침해		
IPTV	재산권침해 등	금지청구	법원 소송
		형사고소	검찰·경찰 고소/고발

---

37 「언론보도로 인한 분쟁 어떻게 해결할까요?」, 18쪽.

42 위기 관리 매뉴얼을 준비하라

　대학에서의 위기 상황은 다양하다. 비리, 범죄, 표절, 재정, 사건·사고 등 구성원들의 문제가 소속 기관인 학교와 연결되면서 부정적인 이미지로 보이는 경우가 있다. 구성원들의 긍정적인 이슈가 학교에 대한 긍정적인 홍보로 직결되듯 동전의 앞뒷면처럼 부정적인 경우도 마찬가지다. D신문사 사회부장은 대학홍보협의회 강연에서 "위기가 기회다. 부정적인 상황을 적극적으로 대처함으로써 긍정적인 이미지를 심어줄 수 있다. 한 대학의 경우 문제가 발생했을 때 솔직하게 잘못된 점을 시인하고 발 빠르게 대응해, 오히려 언론과 긴밀한 관계를 맺게 됐고, 이후 긍정적인 이슈를 발굴해 기사가 크게 나갔다"고 했다.

　물론 대학에서 어떠한 문제가 불거졌을 때 답변을 회피하거나 노코멘트로 일관해 기사에서 대학명이 노출되지 않는 방법도 있다. 하지만 이런 상황이 이어질 경우 기자들에게 부정적인 인식을 심어줘 추후 문제가 더 커질 수 있다. 위기 상황은 경우에 따라 모두 대처 방법이 다르다. 그렇지만 대학마다 기본적인 위기 관리 매뉴얼을 갖추고 일관성 있게 대처하는 건 의미가 크다.

위기 관리 매뉴얼의 구성 요소를 살펴보면 크게 매뉴얼의 목적 및 개념 정의, 위기 관리 조치 및 절차, 후속 조치로 나눌 수 있다.

매뉴얼의 목적

위기 관리 매뉴얼은 대학에 대한 부정적인 보도나 오보 등으로 대학의 이미지에 좋지 않은 영향을 미칠 수 있는 상황에 신속히 대비하기 위한 대응 방법 및 절차를 보여주기 위한 것이다.

위기의 정의 및 발생 원인

위기에 대한 개념적 정의가 필요하다. 특히 모든 위기는 언론을 통해 확산되기 때문에 이에 대한 범위를 설정해야 한다. 위기는 내부적 원인과 외부적 원인이 있어 미리 원인들을 예상해 인과관계를 파악하고 있어야 한다. 위기 관리 커뮤니케이션의 목표를 구체화하는 것도 중요하다.

PR에 대한 정의 및 필요성

위기 관리 매뉴얼은 홍보팀만 아니라 모든 구성원들이 필요에 따라 담당할 수 있기 때문에 기본적인 PR 개념의 정의가 필요하다.

위기 관리팀 구성

위기 상황에 바로 대처하기 위해 대외협력처, 학생처, 총무처 및 관련 부서에서 필요 인원을 차출해 위기 관리 T/F팀을 구성한다. 팀은 팀장, 언론보도 대응 담당, 정보 및 조사 담당, 대변인 등으로 구성된다. 각 담당의 업무를 구체화해 신속하게 대처한다. 이와 동시에 보고체계를 명확하게 해 빠른 의사 결정이 이루어지도록 한다.

위기 상황 정의

사태의 심각성에 따라 단계별로 나누어 대응 방안을 구체화한다. 위기 상황을 사례별로 구체화해 미리 준비해두면 신속하게 대응할 수 있다.

다음으로 언론 매체에 대한 이해가 필요하다. 기존 방송과 지면 매체뿐만 아니라 인터넷 뉴스, SNS, 블로그 등 다양한 온라인 매체가 존재하기 때문에 세부적인 정의가 필요하다.

언론 매체의 범위와 유관 기관 연락처

점점 범위가 넓어지고 있는 매체 현황 및 연락처를 지속적으로 업데이트해놓아야 한다. 먼저 언론에는 신문(전국, 지역), 방송(전국, 케이블), 인터넷(포털, 언론 사이트)이 있다. 이들을 구체적으로 명기해놓아야만 긴박하게 돌아가는 상황 속에서 놓치지 않을 수 있다. 유관 기관으로는 법률 자문을 구할 수 있는 변호사나 관련 전문가 그룹도 연락처 목록에 포함시켜야 한다.

언론 대응 방법

부정적인 상황이 닥쳤을 경우 대학명 자체가 언급되는 건 무조건 피하고 싶지만 이럴수록 다음과 같은 언론 대응의 기본 원칙을 지켜야 한다.

첫째, 거짓말을 하면 안 된다.
둘째, 추측하지 말고 모르면 모른다고 해야 한다.
셋째, 신속히 대답을 해야 한다.
넷째, 언론사의 규모에 상관없이 공평하게 대해야 한다.
마지막으로 모든 부서에서 한목소리를 내야 한다.[38]

위기 상황 사후 조치

위기 상황이 벌어졌을 때 매뉴얼에 따라 잘 처리했는지 평가하고 부족한 부분은 매뉴얼을 수정·보완해 다음 위기 상황에 대처한다. 구성원에게 정기적인 매뉴얼 교육을 통해 긴박한 순간에 적절히 대응하도록 한다.

---

38 『언론이슈 위기 관리 커뮤니케이션 매뉴얼』, 기상청(2009), 18쪽.

각종 서식

신속한 위기 관리를 위해 일관된 서식을 보유해야 한다. 대학에 대한 기본 정보를 담은 프레스키트, 보도자료, 위기 보고 양식, 유관 기관 및 기자 리스트 양식, 외부 이해관계자 미팅 일지, 기자와 통화 내역 일지 등을 준비한다.

위기 관리 매뉴얼은 잘 준비되어야 하지만 사실 쓰이지 않는 것이 가장 좋을 것이다. 또한 막상 위기 상황이 닥쳐도 매뉴얼처럼 대응하기란 쉽지 않다. 하지만 이러한 매뉴얼을 통해 작은 문제부터 큰 문제까지의 예상 상황들에 관한 시나리오를 작성함으로써 당황하지 않고 조금이라도 더 객관적으로 문제를 바라볼 수 있다. 대학마다 하나씩 준비하도록 하자.

검색 사이트에서 '위기 관리 커뮤니케이션'으로 검색해보면 기상청, 특허청, 국가법령정보센터 등 여러 공공기관들이 매뉴얼을 공개하면서 변형을 허락하고 있으므로 참고해 마련해보자.

에필로그

잘되면 누구 덕, 안되면 홍보 탓
내적 홍보의 중요성

홍보라는 단어가 전문 용어가 아니라 어느 순간 누구나 언급하는 일반 용어가 되었다. 아무나 홍보 일을 할 수 있다고 생각한다. 그래서인지 다른 부서의 업무에 비해 쉽게 한마디씩 한다. 지면에 크게 기사화되었을 때는 무관심하다가도 작은 부정적 기사가 나오면 어떻게 관리했냐는 핀잔을 듣기 일쑤다. 심지어 어떤 일이 '잘되면 실행팀 덕, 안되면 홍보팀 탓'이라는 자조적인 말까지 나온다. 그만큼 쉽지 않은 자리다.

누구나 할 수 있을 것 같고, 일을 해도 티가 잘 안 나고, 조금이라도 문제가 생기면 화살이 돌아오는 홍보 일. 그렇기 때문에 외적 홍보도 열심히 해야 하지만 내부 구성원들을 대상으로도 홍보를 미리 잘해야 한다.

내적 홍보 방법으로는 교내 직원 게시판, 학교 홈페이지 보도 자료 게시판, 이메일링, 뉴스레터, 언론에 비친 ○○대 제작, 부서별 홍보 담당자 선정 및 워크숍 등이 있다. 그리고 가장 중요한 방법이 구성원과의 소통, 커뮤니케이션이다. 자주 의논해야 하고 그들과 함께 기사를 작성해야 한다.

게시판과 이메일을 적극 활용하라

생각보다 교직원들은 학교 홈페이지에 있는 보도자료 게시판을 잘 보지 않는다. 오히려 인트라넷의 교직원 게시판을 보는 경우가 많다. 그렇기 때문에 중요한 보도 내용들은 양쪽에 모두 게시하는 것이 좋다. 둘 다 안 볼 수 있기 때문에 정기적으로 주요 이슈를 정리해 총장 명의의 뉴스레터를 이메일로 보내는 것도 좋은 방법이다.

1년에 한 번 정도 기사화되거나 언론에 보도된 내용을 일괄적으로 정리해 책자로 만들어 배포하는 것도 필수적이다. 여러 방법으로 노출하면 그만큼 관심을 갖게 마련이다.

구성원들에게 혜택을 주며 관심을 유도하라

구성원들에게 혜택이 돌아가는 이벤트를 개발해 제공하는 것도 좋다. 성균관대와 방송통신대에서는 '문화초대석 시리즈'를 진행했다. 학교 구성원들에게 문화 예술적인 혜택을 주고, 중소 예

266

술문화단체의 콘텐츠는 홍보해주어 상생하자는 취지의 프로그램이다. 아트센터, 공연회사, 재단 등과 협력계약을 맺고 그들이 진행하는 공연을 높은 할인율로 구성원들에게 제공했다. 행사를 알리기 위해 일부 사람에게는 무료초대권을 제공했다. 문화초대석을 진행할 때 많게는 500명에서 적게는 100명 정도가 꾸준히 참여했다. 이러한 일을 벌이는 주최가 대외협력과(홍보팀)임을 노출시켜 활동적인 모습을 보여주는 것이다.

커뮤니케이션의 달인이 돼라

무엇보다 부서별, 학과별 행정실 직원과의 소통이 제일 중요하다. 작은 동정부터 감동적인 휴먼 스토리까지 대부분이 학생들을 직접 상대하는 행정실에서 나오기 때문이다. 정기적인 모임을 통해 보도자료 작성법, 기자 응대법, 아이디어 발굴법 등 일반인들도 간단히 접근할 수 있는 홍보 기술을 알려줘 참여도를 높이는 것이다.

홍보팀은 대학 내에서도 가장 많은 사람이 방문하는 부서 중 하나다. 기자, 광고담당자, 기념품 납품업체, 각종 에이전시, 타 부서 직원, 학생, 교수, 동문, 학부모 등 수많은 사람들이 문턱이 닳도록 드나드는 부서다. 그만큼 사람 만나는 것을 싫어하거나 힘들다면 견디기 힘든 부서다.

당신이 홍보부서로 발령을 받았다면 이러한 다양한 사람들과의 '소통 능력'이 있다고 인정받았기 때문이다. 앞서 말했듯 무슨 잘못을 했거나 술을 잘 마셔서 인사발령이 난 게 아니다. 당신이 하는 일에 자부심을 가져라. 당신은 학교의 입이고 얼굴이다.

대학 홍보에 관한 첫 번째 책인 만큼 부족한 점이 있을 것이다. 그 부족한 부분은 홍보계의 훌륭한 선배들이 문제를 제기해주고 쑥쑥 커가는 후배들이 채워주기를 기대한다.

지은이_김완준

　　성균관대학교를 졸업하고, 같은 대학교에서 신문방송학과 석사
학위를 받았다. 언론사와 방송사에서 다양한 경험을 쌓고, 성균관
대학교 대외협력처에서 근무하다가 현재 국립 한국방송통신대학
교 대외협력과에서 대학 홍보의 외연을 넓히는 작업을 하며 즐겁게
일하고 있다.

대학 홍보의 법칙

언론에 보도되는 42가지 전략

© 김완준, 2014

지은이 김완준
펴낸이 김종수
펴낸곳 도서출판 한울
편집 양선희

초판 1쇄 인쇄 2014년 4월 21일
초판 1쇄 발행 2014년 4월 30일

주소 413-756 파주시 광인사길 153 한울시소빌딩 3층
전화 031-955-0655
팩스 031-955-0656
홈페이지 www.hanulbooks.co.kr
등록번호 제 406-2003-000051호

Printed in Korea.
ISBN 978-89-460-4854-6 03320(양장)
ISBN 978-89-460-4855-3 03320(무선)

* 책값은 겉표지에 표시되어 있습니다.